KiWi
PAPERBACK
1099

DAS BUCH

Was muss man eigentlich über seinen Klub wissen? Muss man nur die größten Erfolge kennen und die besten Spieler? Oder sollten es auch die höchsten Siege sein, die längste Serie von Niederlagen und wer die meisten Tore erzielt hat? Thomas Spiegel und Gerd Voss fangen genau hier an, denn die beiden sind absolute Insider in königsblauen Angelegenheiten.

Thomas Spiegel und Gerd Voss können acht Gründe dafür aufzählen, warum sich Schalke-Fans an die Zweitligasaison 1983/84 gerne erinnern sollten, und erklären, warum Verteidiger »Magic« Prus seinen zauberhaften Beinamen zu Recht trägt. Sie wissen, wer nach 17 Sekunden das schnellste Schalker Bundesligator erzielt hat und bei wem die Königsblauen ein Punktspiel mit 20:0 gewannen. Sie erinnern an 1937, Schalkes bestes Jahr überhaupt, und an ein triumphales Comeback nach der höchsten Niederlage aller Zeiten.

Aber sie haben nicht nur alle wichtigen und die herrlich unwichtigen Zahlen und Daten gesammelt, sondern erklären auch die vielfältigen Verwandtschaftsverhältnisse in Schalker Mannschaften und warum Schalke schon 2001 hätte Deutscher Meister werden müssen. Sie enthüllen die Goldenen Regeln von Huub Stevens und präsentieren die besten Assauerismen. Sie erklären, was königsblau an den Königsblauen ist, und haben ungefähr 1904 gute Gründe dafür gefunden, warum Schalke der geilste Klub der Welt ist.

DIE AUTOREN

Thomas Spiegel, geboren 1966, lebt in Essen und arbeitet seit 2001 in der Presseabteilung des FC Schalke 04.

Gerd Voss, geboren 1965, lebt in Dortmund und ist seit 1996 Pressesprecher des FC Schalke 04.

SPIEGEL · VOSS

FAST ALLES ÜBER SCHALKE 04

Kiepenheuer & Witsch

1. Auflage 2009

Umschlaggestaltung: Barbara Thoben, Köln
Vereinslogo mit freundlicher Genehmigung des FC Schalke 04
Layout und Satz: Barbara Thoben, Ute Lübbeke und Stefanie Naumann, Köln
Illustrationen: Stefanie Naumann, Köln
Gesetzt aus der Eurostile und der Corporate A
Druck und Bindearbeiten: CPI Clausen & Bosse, Leck
ISBN 978-3-462-04101-9

»Haben oft mit ihr gefeiert,
mal geweint und mal gelacht.
Schalke heißt die Königin,
die uns alle süchtig macht.«

IBO, »BLAU UND WEISS«

STAMMPLATZ AUF DEM NORDKURVENZAUN

Fast alles über seinen Lieblingsverein zu wissen, das ist für einen 22-Jährigen einfach unmöglich. Obwohl Schalke 04 in meinem Leben eine große Rolle spielt, seitdem ich denken kann. Als mir meine Eltern erlaubten, Mitglied in einem Fußballverein zu werden, habe ich den Schwung der Trotzphase eines Vierjährigen ausgenutzt und die Erfüllung eines Traums eingefordert, den wohl jeder Fußballfan als Kind hat: Entweder ich melde mich bei meinem Lieblingsklub an oder ich gehe in gar keinen Verein. Seitdem habe ich bei Schalke 04 gespielt und war gleichzeitig dessen leidenschaftlicher Anhänger.

Sobald es mir mein Vater erlaubte, wechselte ich von seiner Seite auf der Haupttribüne des Parkstadions in die Nordkurve. Zum Lieblingsplatz erkor ich die Trennzäune zwischen den einzelnen Blöcken. Weil diese wie ein Y geformt waren, ließ es sich dort oben lange aushalten, wenn man eine Jacke auf die harten Gitterstäbe legte. Von dort habe ich einige Stationen auf dem Weg zum UEFA-Cup-Sieg verfolgt. Auch die beiden Endspiele im Parkstadion. Beim ersten Finale gegen Inter Mailand stand ich in der Nordkurve, das Rückspiel verfolgte ich bei der Leinwand-Übertragung auf der Gegengerade.

Im vorliegenden Buch »Fast alles über Schalke« sind übrigens weitere zehn Spieler genannt, die wie ich seit frühester Jugend glühende Fans des Clubs waren. Es ist keine Voraussetzung für einen Profi, um sich besonders mit einem Verein zu identifizieren, aber es sind schöne Anekdoten. Beim Studium dieser Liste merkt man allerdings, dass sich trotz ihrer Vorgeschichte für die Spieler nicht alle Träume auf Schalke erfüllten.

Außerdem kann ich mich erinnern, dass ich immer frühzeitig im Stadion sein wollte. Mein großes Vorbild war Jens Lehmann, der beim Warmmachen immer einige Übungen machte, die mich beeindruckten und die ich unbedingt ebenfalls in meine Spielvorbereitung übernehmen wollte. Deswegen bin ich ein bisschen stolz darauf, dass ich in diesem Buch in einer Liste gemeinsam mit ihm verewigt bin: als einer der 23 Torhüter, die sich seit 1926 als Nummer eins durchgesetzt haben. Und noch einmal habe ich meinen Namen auf einer Liste gefunden: auf der der U21-Nationalspieler.

Genau das ist die Idee dieses Buches: Die beiden Autoren Thomas Spiegel und Gerd Voss wollen die umfangreiche Schalker Vereinsgeschichte mit allen ihren Höhen und Tiefen nicht chronologisch, sondern pointiert abbilden. Sie tun dies anhand von Listen, die somit einen neuen Blick auch auf längst Bekanntes erlauben. Ob Schalker Kreisel, Bundesligaskandal oder tragische Todesfälle.

Schalke 04 machen aber ebenso die vielen kleinen Dinge aus, für die selbst in großen Zeitungsartikeln nicht immer Platz ist. Wer weiß etwa, dass wir gegen fast alle großen internationalen Klubs schon einmal gespielt haben, dass uns aber ausgerechnet Real Madrid noch fehlt? Wer kennt alle Schalker Torschützen des Monats oder die treffsichersten Schützen an der Torwand? Wer weiß, welche Fangesänge originär in Schalker Kurven entstanden? Oder, dass es für Schalker sogar mal etwas Gutes aus Dortmund - und umgekehrt - gab?

Dies alles und noch viel mehr findet sich auf den folgenden gut 160 Seiten. Ich habe dabei vieles aus der Vereinsgeschichte erfahren, das mir vorher nicht bekannt war. Das neue Wissen bringt einen oft zum Lachen. Etwa, wenn man die sich ständig wandelnden Überlegungen Rudi Assauers zum Thema Brasilianer auf Schalke liest oder erfährt, was vier Robin Hoods in Schweinfurt mit Blau und Weiß zu tun haben. Allen Lesern wünsche ich daher denselben Spaß, den ich gehabt habe.

Manuel Neuer

WO LIEGT EIGENTLICH DIESES SCHALKE?

➤ »Anne Grenzstraße.« Das behauptete Ernst Kuzorra, als er einst vom schwedischen König danach gefragt wurde. Und dieses Gelsenkirchen? »Um Schalke drum rum!«

➤ Gemäß der geografischen Koordinaten auf 51°31' nördlicher Breite und 7°05' östlicher Länge.

➤ In der Stadt Gelsenkirchen, als einer von 18 Stadtteilen. 1903 wurde das Amt Schalke gemeinsam mit anderen Stadtteilen eingemeindet. So entstand eine Großstadt, die in der Blütezeit des Bergbaus Ende der 50er-Jahre fast 400.000 Einwohner zählte, heute sind es noch 265.000. Rund 25.000 Einwohner leben derzeit in Deutschlands bekanntestem Stadtteil. Übrigens gibt es auch den separaten Stadtteil Schalke-Nord, wo sich die Glückauf-Kampfbahn befindet. Die Grenzstraße – daher der Name – trennte früher Schalke und Gelsenkirchen, heute tut das die Florastraße am Musiktheater.

➤ An der Feldmarkstraße 57. Das zumindest war die Adresse des historischen Bauernhofs Schalke am Weg von Gelsenkirchen nach Essen. Dort wurde 1845 August Schalke geboren. Der Besitzer verkaufte 1895 einen Teil seines Grundstücks an die Stadt Gelsenkirchen, die dort den Stadtgarten errichtete. Der Hof lag direkt hinter dem heutigen Hotel Maritim, wo eine Gedenktafel daran erinnert, dass er von 1332 an mehr als 550 Jahre im Besitz der Bauernfamilie Schalke war. August Schalke, der letzte Bauer, lebte nach dem Verkauf seines Hofs in der Nähe, in seiner Villa Schalke, und starb 1914.

➤ Nicht um die Veltins-Arena. Mit dem Umzug ins Parkstadion 1973 hat der FC Schalke 04 seinen Stadtteil verlassen und fand im Stadtteil Erle nördlich des Rhein-Herne-Kanals ein neues Zuhause.

ACHT GRÜNDE, WARUM MAN SICH AN DIE ZWEITLIGASAISON 1983/84 GERN ERINNERN SOLLTE

1. **Nervenschonender Aufstieg** als Tabellenzweiter mit 55:21 Punkten – vier Zähler mehr als in der Zweitliga-Meistersaison 1981/82.

2. **Das 6:6** nach Verlängerung im DFB-Pokal-Halbfinale gegen Bayern München.

3. **116 Pflichtspieltore**, das annullierte 5:0 gegen Rot-Weiss Essen nicht mitgerechnet. Mehr Treffer in einer Saison erzielte Schalke zuletzt mit der berühmten Kreisel-Elf in ihrer Meistersaison 1941/42.

4. **22 Tore** in vier aufeinanderfolgenden Spielen im Parkstadion: 5:1 gegen Hannover 96, 6:0 gegen den SC Freiburg, 5:2 gegen Wattenscheid 09, 6:2 gegen Fortuna Köln.

5. **Manfred Drexlers Treffer** zum 4:0-Pausenstand gegen Fortuna Köln: Bei einem Freistoß ließ der Kapitän Bernd Dierßens eleganten Lupfer über die Mauer – um die sich Drexler klammheimlich gewunden hatte – lässig von der Brust abtropfen und drosch den Ball per Volley unter die Latte.

6. **Alle Neuzugänge** waren Volltreffer. Linksaußen Klaus Täuber erzielte 19 Tore, Bernd Dierßen begeisterte als Regisseur, Michael Jakobs löste das Linksverteidiger-Problem, Hubert Clute-Simon steuerte 10 Treffer bei, und dann war da noch das Eigengewächs Olaf Thon ...

7. **Olaf Thon** absolvierte in seiner ersten Profisaison alle 45 Pflichtspiele.

8. **Rot-Weiss Essen** gleich zweimal in die dritte Liga geschickt: am 27. Mai 1984 mit einem 5:0, am 8. Juni 1984 mit einem 3:2. Das Wiederholungsspiel war notwendig geworden, weil RWE-Torhüter Carsten Hallmann in der ersten Partie wegen einer vermeintlichen Verletzung nach einem Zusammenstoß mit einem Zuschauer das Spielfeld verlassen hatte, die Essener aber das Auswechselkontingent bereits ausgeschöpft hatten.

ALLE TITEL

UEFA-POKAL-SIEGER: 1997

DEUTSCHER MEISTER: 1934, 1935, 1937, 1939, 1940, 1942, 1958

DEUTSCHER POKALSIEGER: 1937, 1972, 2001, 2002

MEISTER DER ZWEITEN LIGA: 1982, 1991

LIGAPOKALSIEGER: 2005

UEFA-INTERTOTO-CUP-SIEGER: 2003, 2004

WESTDEUTSCHER MEISTER: 1929, 1930, 1932, 1933, 1951, 1958

WESTFALENMEISTER*: 1934, 1935, 1936, 1937, 1938, 1939, 1940, 1941, 1942, 1943, 1944

RUHRBEZIRKSMEISTER*: 1927, 1928, 1929, 1930, 1932, 1933

WESTDEUTSCHER POKALSIEGER: 1955

WESTFALENPOKALSIEGER: 1943, 1944

LANDESLIGA-MEISTER*: 1946, 1947

EMSCHERKREISMEISTER: 1924, 1925

WESTDEUTSCHER KREISLIGAMEISTER: 1925

RUHRGAUMEISTER: 1925

MEISTER DER EMSCHERKREISLIGA: 1924, 1926

A-KLASSEN-MEISTER: 1921**

B-KLASSEN-MEISTER: 1920***

* höchste Spielklasse
** zweithöchste Spielklasse
*** dritthöchste Spielklasse

DEBÜTANTENBALL

Ein früher Start in die Profikarriere ist immer eine besondere Verheißung, und schaut man sich die Liste der jüngsten Schalker Pflichtspiel-Debütanten an, bestätigt sich diese Annahme. Nicht alle schafften die ganz große Karriere, aber viele Große fingen ihre Karriere früh an.

OTTO SCHRADER
15 Jahre, 331 Tage .... 21.3.1937 gegen SuS Hüsten 09

BERNHARD KLODT
16 Jahre, 83 Tage .... 17.1.1943 gegen Westfalia Herne

VOLKER ABRAMCZIK
17 Jahre, 95 Tage .... 29.8.1981 gegen Hessen Kassel

OLAF THON
17 Jahre, 96 Tage .... 5.8.1983 gegen SC Charlottenburg

RÜDIGER ABRAMCZIK
17 Jahre, 175 Tage .... 11.8.1973 beim VfB Stuttgart

ERNST KUZORRA
17 Jahre, 191 Tage .... 22.4.1923 gegen Sportfreunde 07 Essen

BERND THIELE
17 Jahre, 200 Tage .... 11.8.1973 beim VfB Stuttgart

UWE HÖFER
17 Jahre, 181 Tage .... 8.1.1977 gegen Eintracht Frankfurt

HERBERT BURDENSKI
17 Jahre, 295 Tage .... 10.3.1940 bei Arminia Marten

WALTER ZWICKHOFER
17 Jahre, 298 Tage .... 5.4.1942 gegen VfL Bochum

MESUT ÖZIL
17 Jahre, 301 Tage .... 12.8.2006 gegen Eintracht Frankfurt

DAS GRÜNDUNGSDATUM

Es gibt immer noch Menschen, die nicht wissen, wofür das »Nullvier« im Vereinsnamen steht. Gerade im Ausland werden die Schalker auf ihren Europapokalreisen oft darauf angesprochen. Also: Nullvier steht für das Gründungsjahr 1904. In Deutschland findet sich diese Angabe nicht selten im Vereinsnamen, ob bei Mainz 05, Hannover 96, dem TSV 1860 München oder lokaler Konkurrenz aus Gelsenkirchen wie Erle 08 oder Schalke 96.

Auch der genaue Gründungstag ist bekannt: der **4. Mai 1904**, ein Mittwoch. So steht es in der Satzung, so ist es ins Vereinsregister eingetragen, doch gesichert ist dieses Datum nicht. So wurde in Vereinspublikationen in den 60er-Jahren der 20. Mai als Gründungstag genannt und anderswo wechselweise von Frühjahr oder Sommer jenes Jahres geschrieben. Heinrich Kullmann, der durchgängig als einer der Gründerväter genannt wird, hat sogar erst Oktober 1904 in seinem Mitgliedsausweis stehen. Dies könnte jedoch daraus resultieren, dass alle frühen Mitglieder automatisch für Vereinsgründer gehalten wurden.

DIE RITTER AUS DER SCHÄDELGEGEND

Scedlike
Scadeleke
Scadelik
Schadelick
Schalicke
Schalecke
Schalcke

Über diese verschiedenen Schreibweisen entwickelte sich im Laufe der Jahrhunderte der Begriff Schalke. Der Name bezeichnete vermutlich eine kleine Ansiedlung und hieß so viel wie »Gegend um den Schädel« oder »Siedlung an schädelförmiger Gegend«. Der erste urkundlich nachweisbare Namensträger war ein Adliger: Henricus miles de Schadeleke, also Heinrich von Schalke, tauchte 1246 auf. Später gab es auch den Ritter Cesarius van Schedelike. Die Adelsfamilie wird in Urkunden des Stifts Essen genannt, stirbt jedoch im 17. Jahrhundert in männlicher Linie aus.

»Wissen Sie was: Sie können mich am Arsch lecken!«
Ernst Kuzorra 1933 zu Nationaltrainer Otto Nerz, weil der seinem Vorschlag nicht folgte, Fritz Szepan im Länderspiel gegen Belgien aufzustellen. Kuzorra absolvierte danach nur noch zwei Länderspiele.

»Halt das Maul, du blöde Sau!«
Erwin Kremers wiederholt in der 84. Minute des für Schalke bedeutungslosen letzten Spiels der Saison 1973/74 in Kaiserslautern beim Stand von 0:4 auf Nachfrage von Schiedsrichter Klauser die Forderung, nicht vom Unparteiischen angesprochen zu werden. Das brachte Kremers die Rote Karte und die Streichung aus dem WM-Aufgebot 1974 ein, in dem er seinen Platz eigentlich sicher hatte.

»Ehe der Abramczik in der Nationalmannschaft spielt, singe ich an der Metropolitan Opera in New York!«
Max Merkel 1975 über Rüdiger Abramczik, der zwei Jahre später sein Debüt in der DFB-Elf gab.

»Die Entscheidung ist in der Nacht von Samstag auf Montag gefallen.«
Rudi Assauer gibt in aller Deutlichkeit zu verstehen, wann er sich dazu durchgerungen hat, Trainer Frank Neubarth zu entlassen.

»Wenn Sie so zufrieden sind, dann überweisen Sie uns doch die Siegprämie.«
Youri Mulder, sowieso schon wütend ob seiner Nicht-Berücksichtigung für die Anfangsformation der Partie beim Karlsruher SC 1995, empört sich über die Zufriedenheit von Trainer Jörg Berger nach dem Remis. Mulder wirft dem Coach einen Spielerwechsel direkt vor einem Eckball des KSC vor. Der neue Schalker brauchte einen Moment der Orientierung, den der Gegner zum Ausgleichstreffer nutzte.

»Wir sind den Fans keine Rechenschaft schuldig.«
Yves Eigenrauch 1996 nach der Beurlaubung von Jörg Berger. Für einige Wochen machte ihn diese Bemerkung zum Buhmann bei den Anhängern.

RÜCKENNUMMERNSALAT 1

Am 15. März 1997 feierte der Stürmer Ralf Regenbogen ein erstaunliches Comeback. Über zehn Jahre nach seinem letzten Bundesligaeinsatz wurde er in der Partie beim FC Bayern München in der 77. Minute noch einmal eingewechselt, konnte an der 0:3-Niederlage aber nichts ändern. Bei diesem Spiel trug Regenbogen die **36** analog zu seinem Alter auf dem Trikot. Neun Tage später wurde er 37 Jahre alt.

SCHALKER BEI OLYMPIA

1928 Amsterdam
Ernst Kuzorra | *Fußball*

1936 Berlin
Michael Murach | *Boxen, Weltergewicht, Silbermedaille*
Rudi Gellesch | *Fußball*
Adolf Urban | *Fußball*

1964 Tokio
Erika Pollmann | *Leichtathletik*

1968 Mexiko-City
Gertrud Schäfer | *Leichtathletik*

1972 München
Franz Buthe-Pieper | *Leichtathletik**

1980 Lake Placid
Martin Meinberg | *Viererbob*

1984 Los Angeles
Dieter Schatzschneider | *Fußball*
Walter Junghans | *Fußball*

2004 Athen
Sebastian Ernst | *Leichtathletik*

2008 Peking
Rafinha | *Fußball*

*Chef-Starter des DLV, startete den 100-Meter-Endlauf

GROSSE WORTE 1

»Ich lernte so flitzen, weil ich von Kindesbeinen an Angst hatte.«

Erwin Kremers,
Schalker Linksaußen in den 70er-Jahren

ALLE MANNSCHAFTSKAPITÄNE SEIT 1916

Die schönste Aufgabe eines Mannschaftskapitäns ist es, dass er bei Titelgewinnen als Erster die Trophäe in den Händen halten darf. Ernst Kuzorra bekam sechsmal die alte Meisterschaftstrophäe – die Viktoria – und einmal den Deutschen Pokal. Einziger Schalker Empfänger der heutigen Meisterschale war 1958 Berni Klodt. Folgende Kapitäne der Knappen kamen seit Einführung der Bundesliga zu ähnlichen Ehren: Olaf Thon reckte 1997 den UEFA-Cup in die Höhe, Tomasz Waldoch erhielt zweimal als erster Königsblauer den DFB-Pokal: 2001, weil verletzt, im Clubanzug, 2002 im Trikot. Für Norbert Janzon und Andreas Müller reichte es 1982 und 1991 immerhin zur Entgegennahme des Meisterwimpels der Zweiten Liga. 2005 präsentierte Ebbe Sand stolz den DFB-Ligapokal.

1916–1928	Thomas Student
1928–1948	Ernst Kuzorra
1948	Otto Tibulsky
1949	Paul Matzkowski
1949–1955	Hermann Eppenhoff
1955–1962	Bernhard Klodt
1962–1968	Manfred Kreuz
1968–1969	Heinz Pliska
1969–1972	Reinhard Libuda
1972–1976	Helmut Kremers
1976–1980	Klaus Fischer
1980–1981	Bernd Thiele
1981	Klaus Fischer
1981–1983	Norbert Janzon
1983–1985	Manfred Drexler
1985–1986	Bernard Dietz
1986–1987	Walter Junghans
1987–1988	Wilfried Hannes
1988–1992	Andreas Müller
1992–1993	Günter Güttler
1993–1994	Holger Gehrke
1994–1995	Andreas Müller
1995–1996	Olaf Thon
1996–1997	Jens Lehmann
1997–2000	Olaf Thon
2000–2004	Tomasz Waldoch
2004–2005	Frank Rost
2005–2006	Ebbe Sand
seit 2006	Marcelo Bordon

* Aufgelistet sind die Spieler, die zu Beginn einer Saison zum Mannschaftskapitän gewählt oder vom Trainer bestimmt wurden.

DIE SCHNELLSTEN SCHALKER BUNDESLIGATORE

17 SEKUNDEN
KLAUS SCHEER am 4.3.1972 bei Borussia Dortmund

39 SEKUNDEN
AILTON am 30.10.2004 gegen den VfB Stuttgart

42 SEKUNDEN
BENT CHRISTENSEN am 12.10.1991 gegen Hansa Rostock

45 SEKUNDEN
HARALD KÜGLER am 20.9.1980 beim Karlsruher SC

58 SEKUNDEN
HANNES BONGARTZ am 4. März 1978 gegen den 1. FC Kaiserslautern

DIE MEISTEN ENDSPIEL-EINSÄTZE

Zwischen 1933 und 1942 spielte Schalke in neun von zehn möglichen Endspielen um die Meisterschaft sowie in fünf von acht um den Pokal. Da das erste Meisterschaftsfinale 1938 gegen Hannover nach Remis wiederholt werden musste, wurden daraus sogar 15 Partien. Trotz des langen Zeitraums versäumten gleich vier Spieler keine davon.

Name	Spiele	Titel
Ernst Kuzorra	15	7
Fritz Szepan	15	7
Hans Bornemann	15	7
Otto Tibulsky	14	7
Ernst Kalwitzki	13	7
Rudi Gellesch	10	4
Adolf Urban	8	6
Hans Klodt	8	4
Otto Schweisfurth	8	3
Ernst Poertgen	7	3
Walter Berg	6	3
Hermann Eppenhoff	6	3

Fußball ist unser Leben

Erscheinungsjahr: 2000
Regisseur: Tomy Wigand
Darsteller: Uwe Ochsenknecht, Ralf Richter, Oscar Ortega Sanchez, Marita Marschall u. a.
Nebendarsteller: Rudi Assauer, Yves Eigenrauch

Der Schalke-Film schlechthin. Eine charmante Ruhrpott-Komödie über das Sein als Fan. Uwe Ochsenknecht spielt den Schalke-Anhänger Hans Pollak, der wie auch seine Freunde das ganze Leben nach dem Verein ausrichtet. Ihr Lieblingsspieler heißt Pablo Antonio Di Ospeo, kurz: »Dios«. Doch der spielt als Folge seines Lebenswandels so schlecht, dass die Freunde den Star entführen, damit Pollak ihn wieder fit machen kann. Der Film gewann zwei Preise, den Bayerischen und den Deutschen Filmpreis. Einige Szenen des Spiels wurden im Mai 1999 rund um die Schalker Heimspiele gegen den 1.FC Kaiserslautern und Eintracht Frankfurt gedreht.

Das grosse Spiel

Erscheinungsjahr: 1942
Regisseur: Robert A. Stemmle
Darsteller: Gustav Knuth, René Deltgen, Heinz Engelmann u. a.
Nebendarsteller: Hermann Eppenhoff, Otto Tibulsky, Rudolf Gellesch

Schalke 04 wird die erste wirkliche Fußballmannschaft, die in einem Film mitspielt, allerdings als Gloria 03. Werner Fehling (René Deltgen), Obersteiger im Bergwerk, kommt aus Gleiwitz in die fiktive Stadt Wupperbrück und wird Mittelstürmer des Vereins Gloria 03. Als Werner sich in Grete verliebt, die Freundin des Torwarts Jupp Jäger, ist der Zusammenhalt in der Mannschaft stark gefährdet. Ausgerechnet vor dem Endspiel um die deutsche Fußballmeisterschaft spitzt sich die Rivalität der beiden Spieler zu. Nach der ersten Halbzeit liegt Gloria 03 mit zwei Toren im Rückstand, und in der Kabine kommt es sogar zur offenen Auseinandersetzung zwischen den beiden Rivalen um die gleiche Frau. Die originalen Spielszenen am Ende des Films wurden beim Meisterschaftsfinale 1942 zwischen Schalke und Vienna Wien gedreht.

DIE TRIKOTSPONSOREN

Noch Mitte der 70er-Jahre glaubte Günter Siebert, ohne einen Trikotpartner auszukommen. Allein der Schriftzug Schalke 04 verdiene es, auf der Brust der Spieler zu stehen. Wenig später änderte der Präsident seine Meinung. Es folgte ein bauernschlauer Schachzug: Zunächst vergab er die Fläche für ein halbes Jahr großzügig an eine gemeinnützige Organisation, die Deutsche Krebshilfe, ehe Trigema erster Trikotsponsor wurde. Der Sportartikler zahlte gut eine halbe Million Mark dafür.

DEUTSCHE KREBSHILFE 1979
TRIGEMA (Sportbekleidung) 1979-1983
PADDOCK'S (Jeans) 1983-1986
TRIGEMA (Sportbekleidung) 1986-1987
DUAL (Hifi-Geräte) 1987-1988
RH ALURAD (Felgenhersteller) 1988-1991
MÜLLER-MILCH (Milchprodukte) 1991-1994
KÄRCHER (Reinigungsgeräte) 1994-1997
VELTINS (Brauerei) 1997-2001
VICTORIA (Versicherungen) 2001-2006
GAZPROM (Erdgas) .... seit 2007

INTERIMSTRAINER

	Name	Spiele (S-N-U)	Zeitraum	Liga	vorherige Funktion
1.	Rudi Assauer	3 (0-1-2)	27.05.1981-30.06.1981	Bundesliga	Manager
2.	Rudi Assauer	1 (0-1-0)	21.01.1983-23.01.1983	Bundesliga	Manager
3.	Helmut Kremers	1 (1-0-0)	07.04.1989-10.04.1989	2. Liga	Manager
4.	Klaus Fischer/ Helmut Kremers	4 (1-3-0)	14.11.1990-15.01.1991	2. Liga	Co-Trainer und Amateurtrainer/Manager
5.	Klaus Fischer	4 (2-0-2)	30.04.1992-30.06.1992	Bundesliga	Amateurtrainer
6.	Hubert Neu	1 (0-0-1)	04.10.1996-07.10.1996	Bundesliga	Co-Trainer
7.	Marc Wilmots	8 (3-1-4)	26.03.2003-24.06.2003	Bundesliga	Spieler
8.	Eddy Achterberg	2 (1-0-1)	15.09.2004-28.09.2004	Bundesliga	Co-Trainer
9.	Oliver Reck	1 (0-0-1)	12.12.2005-04.01.2006	Bundesliga	Torwart-Trainer
10.	Mike Büskens/ Youri Mulder	6 (5-1-0)	14.04.2008-30.06.2008	Bundesliga	Trainer 2. Mannschaft/Ex-Spieler

GROSSE WORTE 2

»Wir Schalker sind wie die Spatzen überall auf der Welt zu Hause.«

Günter Siebert,
Schalke-Präsident und später Kneipier auf Gran Canaria

STRASSEN UND WEGE AUF DEM BERGER FELD

Auf dem Berger Feld ist der FC Schalke 04 zu Hause.
Dieser Teil des Gelsenkirchener Stadtteils Erle wird begrenzt durch

Emil-Zimmermann-Allee im Norden,

Kurt-Schumacher-Straße im Westen,

Adenauerallee im Osten,

Willy-Brandt-Allee im Süden.

Nach Eröffnung der Veltins-Arena wurden die meisten der zum Teil neuen Straßen und Wege nach berühmten Schalkern benannt, beginnend mit den vier erstgenannten Hauptwegen am 11. Juni 2002.

ERNST-KUZORRA-WEG	Von der Kurt-Schumacher-Straße zur Geschäftsstelle
STAN-LIBUDA-WEG	Von der Geschäftsstelle zur Arena
BERNI-KLODT-WEG	Von der Willy-Brandt-Allee zur Arena
ARENARING	Ringstraße um die Veltins-Arena
STADIONRING	Entlang der Nordkurve des Parkstadions
PARKALLEE	Von der Adenauerallee zu Hotel und Reha-Zentrum
ADOLF-URBAN-WEG	Von der Geschäftsstelle zur Nordkurve
HERMANN-EPPENHOFF-WEG	Am Biotop entlang
HERBERT-BURDENSKI-WEG	Zwischen Nahverkehrsanlage und Gesamtschule
PAUL-MATZKOWSKI-WEG	Von Parkplätzen C 1/2 zur Nordkurve
ERNST-KALWITZKI-WEG	Verbindung zwischen Sport-Paradies und ehem. Tennishalle
CHARLY-NEUMANN-BRÜCKE	Zwischen Nordkurve und Hotel

KÖNIGSBLAUE FAMILIENBANDE

Das bekannteste Familienband knüpften die beiden wohl berühmtesten Spieler des Clubs. »Die Schwager« war ein beliebtes Synonym für Fritz Szepan und Ernst Kuzorra, nachdem Szepan 1931 Kuzorras Schwester Elise geheiratet hatte. In den Schalker Kaderlisten der vergangenen 103 Jahre findet sich aber noch darüber hinaus eine bemerkenswerte Fülle familiärer Beziehungen.

Zwillingsbrüder

Halil und Hamit	ALTINTOP
Erwin und Helmut	KREMERS

Brüder

Rüdiger und Volker	ABRAMCZIK
Fred und Hans	BALLMANN
Walter und Willi	BERG
August und Johannes	FERKAU
Otto und Gustav	KIRSTEIN
Hans und Bernhard	KLODT
Otto und Helmut	LASZIG
Ernst und Heinz-Werner	SONTOW
Jürgen, Klaus und Stefan	TÄUBER
Otto und Hennes	TIBULSKY
Friedrich und Hans-Joachim	WAGNER
Claus-Dieter und Michael	WOLLITZ

Vater & Sohn

August und Klaus	BEVERUNGEN
Herbert und Dieter	BURDENSKI
Fritz und Heinz	PLISKA

Schwiegervater & Schwiegersohn

Ernst	KALWITZKI und
Helmut	JAGIELSKI

Erster Finalsieg um die Deutsche Meisterschaft 1934

24. Juni 1934, 17.00 Uhr, Berlin, Poststadion
45.000 Zuschauer

Schalke siegt dank der Willensstärke von Fritz Szepan und Ernst Kuzorra. Szepan wechselt in der Schlussphase auf die Mittelstürmer-Position und erzielt das 1:1 per Kopf, Kuzorra, der trotz Leistenbruchs spielt, markiert den Siegtreffer.

FC Schalke 04 – 1. FC Nürnberg 2:1 (0:0)

Schalke
Trainer: Hans Schmidt

Hermann Mellage

Hans Bornemann Ferdinand Zajons

Otto Tibulsky Fritz Szepan Valentin

Ernst Kalwitzki Adolf Urban Hermann Nattkämper Ernst Kuzorra* Emil Rothardt

Willi Kund Sepp Schmitt* Georg Friedel Max Eiberger Karl Gußner

Richard Oehm Willi Billmann Fritz Kreisel

Andreas Munkert Luitpold Popp

Georg Köhl

Nürnberg
Trainer: Alfred Schaffer

*Mannschaftskapitän

Tore: 0:1 Friedel (54.), 1:1 Szepan (88.), 2:1 Kuzorra (90.)
Schiedsrichter: Alfred Birlem (Berlin)

DIE SELTSAME GESCHICHTE VON ZARKO NIKOLIC

Nachdem der Abstieg in der Saison 1965/66 nur knapp vermieden worden war, wollte sich Schalke personell deutlich verstärken. Als dem Club vom Essener Spielervermittler Raymund Schwab der Jugoslawe **Zarko Nikolic** angeboten wurde, griff der Vorstand um Präsident Fritz Szepan zu. Immerhin war der Mann als Nationalspieler seines Landes annonciert worden. Doch bald glaubte man in Schalke, dass es sich um den falschen Nikolic handeln müsse. Nikolic spielte schwach und kam nur in ganzen elf Spielen zum Einsatz, eines davon war sogar nach bereits knapp fünf Minuten beendet: Beim 0:7 in Köln wurde der Jugoslawe in der 64. Minute eingewechselt und flog in der 69. Minute nach einem Foul vom Platz. Dennoch war Schalke keinem Betrug aufgesessen. Bei dem 27-Jährigen handelte es sich durchaus um den richtigen Nikolic. Er war noch im Sommer 1966 mit Vojvodina Novi Sad jugoslawischer Meister geworden und hatte neunmal für sein Land gespielt. 1962 hatte er sogar im jugoslawischen WM-Kader gestanden – gemeinsam mit den späteren Bundesliga-Trainern Fahrudin Jusufi und Josip Skoblar.

DER SÜNDENFALL DES OLIVER HELD

Am 29. April 1998 ging es beim Nachholspiel zwischen den Knappen und dem 1. FC Köln im Parkstadion um verdammt viel. Schalke brauchte zum Erreichen eines UEFA-Cup-Platzes dringend einen Sieg, die Gäste kämpften um den Klassenerhalt. Kurz vor Schluss, es stand 0:0-Unentschieden, verhinderte Oliver Held ein scheinbar sicheres Tor für die Gäste auf der Linie. »Mit der Hand!«, reklamierten die FC-Spieler. Schiedsrichter Uwe Kemmling befragte den Schalker. »Ich glaube, ich habe ihn nicht berührt«, sagte Held, doch die Fernsehbilder zeigen ein eindeutiges Handspiel. Statt eines Elfmeters für Köln und Platzverweis für Held gab es Abstoß für Schalke, und in der Nachspielzeit gelang Radek Latal das Schalker Siegtor. Die Königsblauen schafften dank dieser Punkte letztlich den erneuten Sprung in den Europapokal, der 1. FC Köln stieg schließlich ab. Und der Kölner Stürmer Toni Polster verfluchte den Schalker: »Der Held soll nie mehr in seinem Leben Glück haben!«

GROSSE WORTE 3

»Nicht der Bessere soll gewinnen, sondern Schalke!«

Werner Hansch, TV- und Radioreporter

1904 TAGE UNGESCHLAGEN IM DERBY

Zum Angstgegner für den Lokalrivalen zu werden, davon träumen alle Derbykontrahenten. Schalke 04 gelang das gegen Borussia Dortmund zwischen dem 14. November 1998 und dem 14. Mai 2005. Besondere Bedeutung kam dem 13. Derby in dieser Serie zu. Eine Niederlage galt es aus Schalker Sicht am 30. Januar 2004 unbedingt zu vermeiden, war doch der folgende Tag der 1904. der stolzen Serie.

An jenem Freitagabend hielt Torhüter Frank Rost zwei Elfmeter von Jan Koller und Torsten Frings, dann erzielten die Schalker in der 89. Minute den 1:0-Siegtreffer durch Ebbe Sand – das erste Bundesligator des Dänen seit mehr als neun Monaten. WDR-Radioreporter Manfred Breuckmann sagte: »In diesem Jahr werden in Dortmund die ersten Kinder eingeschult, die noch nie einen Sieg gegen Schalke erlebt haben!«

5. Mai 1999	Schalke 04	Borussia Dortmund	1:1
15. Dezember 1999	Schalke 04	Borussia Dortmund	1:1
13. Mai 2000	Borussia Dortmund	Schalke 04	1:1
23. September 2000	Borussia Dortmund	Schalke 04	0:4
29. November 2000	Schalke 04	Borussia Dortmund*	2:1
24. Februar 2001	Schalke 04	Borussia Dortmund	0:0
17. Juli 2001	Schalke 04	Borussia Dortmund**	2:1
15. September 2001	Schalke 04	Borussia Dortmund	1:0
16. Februar 2002	Borussia Dortmund	Schalke 04	1:1
14. September 2002	Borussia Dortmund	Schalke 04	1:1
22. Februar 2003	Schalke 04	Borussia Dortmund	2:2
2. August 2003	Schalke 04	Borussia Dortmund	2:2
30. Januar 2004	Borussia Dortmund	Schalke 04	0:1
5. Dezember 2004	Borussia Dortmund	Schalke 04	0:1

alle Spiele in der Bundesliga außer:

*DFB-Pokal **Ligapokal in Lüdenscheid

SCHALKER AUS ALLER WELT

Die meisten ausländischen Spieler kamen aus dem inzwischen nicht mehr existierenden Jugoslawien nach Schalke, zählt man die sechs Profis aus den jugoslawischen Nachfolgestaaten hinzu, sind es insgesamt 14 Kicker. Würden jedoch die Benelux-Staaten eine Union bilden, hätten sie die Nase vorn, denn 15 Schalker kamen aus Belgien, Holland und Luxemburg, während Skandinavien bislang zehn Knappen stellte, von denen jedoch Sladan Peric nie in der Meisterschaft zum Einsatz kam. Sein einziges Pflichtspiel fand im DFB-Pokal statt. Eine Besonderheit bieten die sechs Türken bei Schalke, denn sie kamen mit einer Ausnahme nicht aus dem Ausland. Nur Hami Mandirali wurde aus der Türkei transferiert, die anderen sind wie die Altintops in Deutschland geboren und aufgewachsen: Einwandererkinder der zweiten und dritten Generation.

9 **Jugoslawien** Nikolic, Oblak, Mutibaric, Maric, Dzoni, Boljat, Holcer, Mihajlovic, Djordjevic
8 **Dänemark** Goldbaek, Nielsen, Christensen, Sand, Peric, Poulsen, Larsen, Løvenkrands
8 **Niederlande** van Haaren, Suurbier, Mulder, de Kock, van Hoogdalem, Eijkelkamp, Oude Kamphuis, Engelaar
6 **Türkei** Tüfekci, Alpugan, Mandirali, Ünlü, Hamit Altintop, Halil Altintop
6 **Brasilien** Alcides, Bordon, Lincoln, Ailton, Rafinha, Zé Roberto
5 **Belgien** Wilmots, Goossens, van Kerckhoven, Mpenza, Vermant
4 **Österreich** Hasil, Pirkner, Jara, Glieder
4 **Polen** Slomiany, Kotas, Waldoch, Hajto
4 **Uruguay** Rodríguez, Varela, Grossmüller, Sanchez
3 **Ungarn, USA, Tschechien, Kroatien**
2 **UdSSR, Nigeria, Georgien**
1 **Argentinien, Bosnien-Herzegowina, Serbien und Montenegro, Georgien, Russland, Angola, Norwegen, Schweden, Ukraine, Portugal, Tschechoslowakei, Griechenland, Luxemburg, Peru**

55 JAHRE ERSTKLASSIG

Der 2:1-Sieg gegen Sportfreunde 07 Essen am 18. April 1926 auf dem Sportplatz im Kaiserpark in Altenessen stand zwar erst nach Verlängerung fest, hatte für den FC Schalke 04 aber besondere Bedeutung: Knapp 22 Jahre nach Gründung des Vereins hatten die Knappen den Aufstieg in die 1. Ruhrbezirksklasse geschafft, waren damit zum ersten Mal erstklassig und blieben es 55 Jahre lang. Erst 1981 verabschiedete sich eine Schalker Mannschaft, die in den letzten sechs Bundesligaspielen nur einen Punkt holen konnte, nach einer 1:2-Heimniederlage gegen den 1. FC Köln aus der höchsten Spielklasse. Nach den turbulenten 80er-Jahren mit zwei weiteren Abstiegen ist der Verein seit 1991 wieder ununterbrochen erstklassig.

1926–1933	Ruhrbezirksklasse
1933–1945	Gauliga Westfalen
1945–1947	Landesliga Westfalen
1947–1963	Oberliga West
1963–1981	Bundesliga

55 Jahre Erstklassigkeit hintereinander haben in Deutschland nur der 1. FC Nürnberg (65 Jahre), der Hamburger SV (89 Jahre – dauert noch an) und Eintracht Frankfurt (97 Jahre) übertroffen.

DER ANTI-MERK

Im Bundesligafinale 2001 fühlten sich die Schalker von Schiedsrichter **Markus Merk** stark benachteiligt. Es gibt aber auch einen Kollegen, von dem sie sich unangenehm bevorteilt fühlten. Beim DFB-Pokal-Spiel der zweiten Runde gegen Eintracht Braunschweig am 3. November 1990 gab Schiedsrichter **Dieter Birlenbach** aus Hattenheim in der 4. Minute einen zweifelhaften Elfmeter für die Knappen, der zum 1:0 führte. Er pfiff kurz darauf einen indirekten Freistoß im Braunschweiger Strafraum, weil sich Torhüter Uwe Hain abseits des Spielgeschehens beim Linienrichter beschwert hatte. Der Freistoß führte zum 2:0. Anschließend erkannte Birlenbach ein Braunschweiger Tor ab und stellte den Niedersachsen Tino Loechelt vom Platz, obwohl sogar Schalkes (!) Trainer Peter Neururer protestierte. Nach dem 4:0-Sieg gab Schiedsrichter Birlenbach den Schalker Fans bereitwillig Autogramme.

FAN-CLUBS IN BUNDESLIGASTÄDTEN

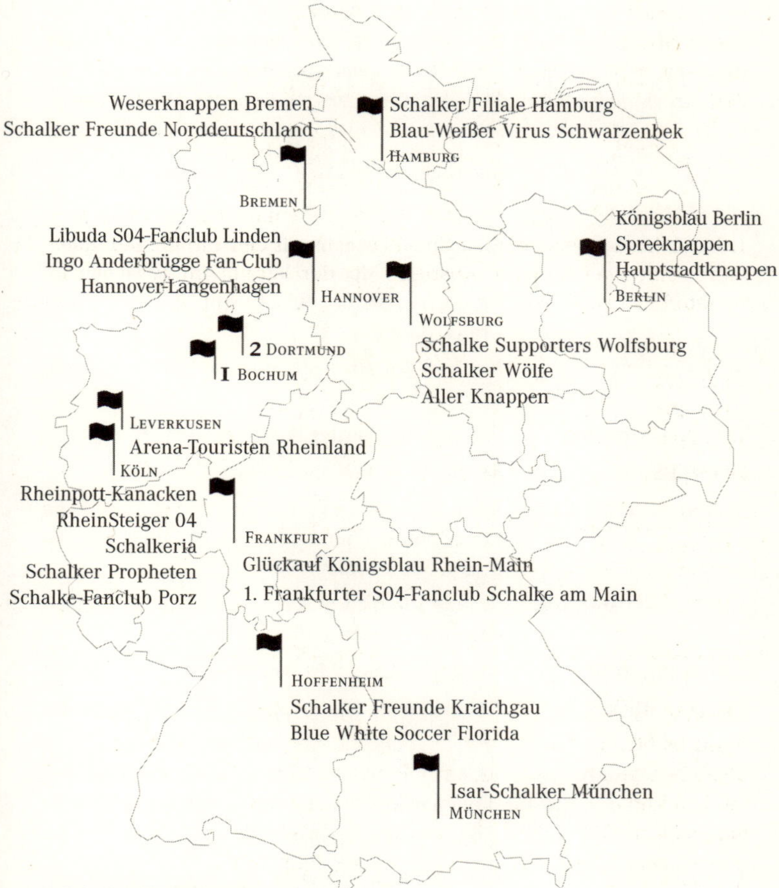

I Schalker Revierknappen
Schalker Meistermacher
Sevinghauser Jungs
Sandsturm 04
Letzte Reihe 3

2 Blau-Weißer Stachel
1000 Freunde

HINTER DIE THEKE

»Wer nichts wird, wird Wirt«,

hieß es früher spöttisch. Auf der anderen Seite aber war die Übernahme einer Kneipe nach dem Ende der Karriere als Fußballspieler auch bei Schalke eine bis weit in die 70er-Jahre hinein häufig gewählte Option.

Gerald Asamoah	Beteiligung am Café C'Asia in Hamburg
Manfred Berz	Kneipier in Saarbrücken
Günter Herrmann	Gaststätten namens »Espresso-Café« in Gelsenkirchen und Moers, Ecke Von-der-Recke-Straße/Grasreinerstraße, Restaurant »Le Bistro« in Crans-Montana
Werner Ipta	Kneipe »Kutscherstuben«, Berlin-Charlottenburg
Helmut Jagielski	Vereinswirt Werder Bremen
Berni Klodt	Kneipe »Der Kreisel« am Schalker Markt
Werner Kretschmann	Kneipe »Zum Tengelmann« in Schalke, Ecke Kurt-Schumacher-Straße/II. Walzwerkstraße (heute Mannesmannstraße)
Charly Neumann	diverse Kneipen und Restaurants in Gelsenkirchen und Gladbeck
Ernst Poertgen	Kneipe und Hotel in Bonn-Beuel
Willi Schulz	Kneipe »Willi Schulz« in Schalke, Magdeburger Straße
Günter Siebert	»Oskar's Pub« auf Gran Canaria im IFA-Hotel Dunamar in Playa del Inglés; Casino
Willi Soya	Kneipe in Wanne-Eickel, »Unser Fritz«
Fritz Szepan	Kneipe »Ritter-Eck« in Schalke, Ecke König-Wilhelm-Straße/Oststraße (heute Kurt-Schumacher-Straße/Magdeburger Straße)
Otto Tibulsky	Kneipe an der Glückauf-Kampfbahn, Vereinswirt FC Schalke 04; später Kneipe in Marl-Hüls.
Walter Zwickhofer	Kneipe in Gelsenkirchen-Haverkamp, Ecke Bickernstraße/Haverkampstraße

SCHALKER KAPITÄNE VON NATIONALMANNSCHAFTEN

Frode Grodas	*Norwegen*
Tomasz Hajto	*Polen*
Mladen Krstajic	*Serbien*
Kevin Kuranyi	*Deutschland*
Levan Kobiashvili	*Georgien*
Jiri Nemec	*Tschechien*
Darío Rodríguez	*Uruguay*
Fritz Szepan	*Deutschland*
Tomasz Waldoch	*Polen*
Marc Wilmots	*Belgien*

DRIN GEBLIEBEN

Auf Schalke wurden nicht nur Meisterschaften und Pokalsiege gefeiert. Mitunter stand der Verein derart nahe am Abgrund, dass die Fans den Nicht-Abstieg wie einen Titel bejubelten. Am 11. Juni 1989 etwa kamen 66.000 Zuschauer zum 4:1 gegen Blau-Weiß Berlin, das den Klassenerhalt bedeutete – in der Zweiten Liga. Es gab aber noch einige ähnliche Situationen.

21. August 1949	Schalke 04 – VfL Benrath	*9:0
14. Mai 1966	Schalke 04 – Borussia Neunkirchen	2:0
9. Juni 1973	Schalke 04 – Hamburger SV	2:0
26. Mai 1979	Schalke 04 – Arminia Bielefeld	4:1
2. Juni 1979	Schalke 04 – MSV Duisburg	2:1
11. Juni 1989	Schalke 04 – Blau-Weiß Berlin	4:1
23. April 1994	VfB Leipzig – Schalke 04	2:2

*(Relegation Oberliga West)

ALLE REVIERDERBYS

Als das Derby im Revier schlechthin gilt die Paarung zwischen dem FC Schalke 04 und Borussia Dortmund, weil dabei die erfolg- und auch traditionsreichsten Vereine der Region aufeinandertreffen. Aber mit dem aktuellen Bundesligaklub VfL Bochum sowie den früheren Erstligisten MSV Duisburg, Rot-Weiß Oberhausen, Rot-Weiss Essen und Wattenscheid 09 hat es ebenfalls Pflichtspielbegegnungen gegeben, meist auch schon zuvor in der alten Oberliga West oder vor dem Zweiten Weltkrieg in der Gauliga bzw. deren Vorläufern. Durchaus erfreulich ist es, sich mit diesen Derbystatistiken zu beschäftigen, denn gegen alle Klubs hat Schalke im Laufe der Jahrzehnte eine positive Bilanz herausgespielt – mit einer Ausnahme: Gegen den MSV Duisburg müssen die Königsblauen noch eine Niederlage aufholen.

Borussia Dortmund

Wettbewerb	Jahre	Sp.	S	U	N	Tore
div. Pflichtspiele	1925–2001	5	4	0	1	17:8
Gauliga	1936–1944	16	14	1	1	84:11
Oberliga	1947–1963	32	7	10	15	46:63
Bundesliga	1963–2008	73	25	22	26	108:115
DFB-Pokal	1975–2000	6	3	1	2	10:9
Gesamtbilanz	1925–2008	132	53	34	45	265:206

VfL Bochum*

Wettbewerb	Jahre	Sp.	S	U	N	Tore
div. Pflichtspiele	1928–1947	14	10	0	4	55:18
Gauliga	1933–1944	26	23	3	0	125:19
Oberliga	1947–1963	14	8	2	4	26:18
Bundesliga	1963–2008	55	31	10	14	90:72
DFB-Pokal	1993–1996	2	1	0	1	3:3
Gesamtbilanz	1928–2008	111	73	15	23	299:130

* Der VfL Bochum entstand durch Zwangsfusion auf Anordnung des nationalsozialistischen Fachamts Fußball am 15.4.1938 aus den Vereinen TuS, Germania und TV 1848 Bochum. Aus den Jahren davor flossen die Ergebnisse gegen die Vorgängerklubs Germania Bochum (insgesamt 19 Spiele) und TuS (vier Spiele in der Gauliga) in die Statistik ein. Ohne diese lautet die Gesamtbilanz 88 Spiele, 55 Siege, 14 Unentschieden, 19 Niederlagen, 185:108 Tore.

MSV Duisburg*

Wettbewerb	Jahre	Sp.	S	U	N	Tore
div. Pflichtspiele	1929-1932	4	3	0	1	12:8
Oberliga	1951-1961	22	5	9	8**	37:36
Bundesliga	1963-2008	54	20	12	22	69:69
2. Liga	1983-1991	6	3	3	0	11:6
DFB-Pokal	1966	1	0	0	1	0:6
Gesamtbilanz	1929-2008	87	31	24	32	129:125

* Bis 9.1.1967 Meidericher SV, dann Umbenennung.
** Ein 1:0-Sieg von 1960 wurde am »grünen Tisch« in eine Niederlage (0:0 Tore, 0:2 Punkte) umgewandelt.

Rot-Weiss Essen

Wettbewerb	Jahre	Sp.	S	U	N	Tore
Oberliga	1949-1969	24	9	6	9	45:45
Bundesliga	1966-1977	12	7	4	1	34:17
2. Liga	1981-1991	10	4	5	1	13:9
DFB-Pokal	1941-1992	2	1	0	1	2:3
Gesamtbilanz	1941-1992	48	21	15	12	94:74

Rot-Weiss Oberhausen

Wettbewerb	Jahre	Sp.	S	U	N	Tore
Oberliga	1947-1963	20	11	7	2	40:17
Bundesliga	1969-1973	8	5	1	2	19:10
2. Liga	1983-1984	2	1	1	0	6:3
DFB-Pokal	1937-2002	4	4	0	0	8:3
Gesamtbilanz	1937-2002	34	21	9	4	73:33

SG Wattenscheid 09*

Wettbewerb	Jahre	Sp.	S	U	N	Tore
div. Pflichtspiele	1912-1953	10	6	3	1	34:10
Bundesliga	1991-1993	6	2	2	2	10:10
2. Liga	1981-1990	8	6	1	1	20:8
DFB-Pokal	1973	1	0	0	1	1:2
Gesamtbilanz	1912-1993	25	14	6	5	65:30

* inklusive der Vorgängervereine BV Wattenscheid und TuB Wattenscheid 01

DIE BESTBESUCHTEN SCHALKER SPIELE

110.000 Zuschauer
4. März 1959,
Bernabeu-Stadion, Madrid
Europapokal der Landesmeister, Viertelfinal-Hinspiel
Atletico Madrid - Schalke 04
3:0

101.000 Zuschauer
20. Juni 1937,
Olympiastadion, Berlin
Endspiel um die Deutsche Meisterschaft
Schalke 04 - 1. FC Nürnberg
2:0

95.000 Zuschauer
21. Juli 1940,
Olympiastadion, Berlin
Endspiel um die Deutsche Meisterschaft
Schalke 04 - Dresdner SC
1:0

95.000 Zuschauer
22. Juni 1941,
Olympiastadion, Berlin
Endspiel um die Deutsche Meisterschaft
Schalke 04 - Rapid Wien
3:4

94.812 Zuschauer
3. Juli 1938,
Olympiastadion, Berlin
Wiederholungs-Endspiel um die Deutsche Meisterschaft
Schalke 04 - Hannover 96
3:4 n.V.

92.289 Zuschauer
26. Juni 1938,
Olympiastadion, Berlin
Endspiel um die Deutsche Meisterschaft
Schalke 04 - Hannover 96
3:3 n.V.

90.000 Zuschauer
18. Juni 1939,
Olympiastadion, Berlin
Endspiel um die Deutsche Meisterschaft
Schalke 04 - Admira Wien
9:0

90.000 Zuschauer
5. Juli 1942,
Olympiastadion, Berlin
Endspiel um die Deutsche Meisterschaft
Schalke 04 - FC Vienna Wien
2:0

85.000 Zuschauer
18. Mai 1958,
Niedersachsenstadion, Hannover
Endspiel um die Deutsche Meisterschaft
Schalke 04 - Hamburger SV
3:0

DIE ERSTEN ZEHN INTERNATIONALEN GEGNER

Datum	Begegnung	Ergebnis	Damalige Liga und heutige Liga
3. August 1922	TuS Schalke 1877 – WAF Wien	1:2	Österreichischer Pokalsieger 1922; Spielbetrieb 2004 eingestellt; zuletzt 5. Liga
1. Mai 1924	Schalke 04 – Karlsbader FK	0:3	Meister des Westgaus des Deutschen Fußball-Verbandes innerhalb der Tschechoslowakei 1924; 1940 in der NSTG Karlsbad aufgegangen; Spielbetrieb 1944 eingestellt
17. April 1929	Schalke 04 – Rampla Juniors Montevideo	1:5	Uruguayischer Meister 1927; heute 1. Liga
28. Juli 1929	SC Enschede – Schalke 04 (in Groningen)	1:6	Platz 4 in Holländischer 1. Liga 1929; heute als FC Twente 1. Liga
25. August 1929	Schalke 04 – National Sporting Club Kairo	3:3	Ägyptischer Ligameister 1929; heute als Al-Ahly Kairo 1. Liga
27. März 1932	Schalke 04 – Vienna Wien	1:1	Österreichischer Vizemeister 1932; heute 3. Liga
1. April 1934	Dulwich Hamlet FC – Schalke 04 (in Brüssel)	0:5	Englischer Amateurpokal-Sieger 1934; heute 8. Liga
2. April 1934	Daring Club Brüssel – Schalke 04	4:0	Belgischer Vizemeister 1934; heute als FC Brüssel 2. Liga
20. Oktober 1935	Lausanne Sports – Schalke 04 (in Konstanz)	1:4	Schweizer Meister und Pokalsieger 1935; heute 2. Liga
19. Mai 1937	Schalke 04 – Brentford FC	6:2	Platz 6 in englischer 1. Liga 1937; heute 4. Liga

ELFMETER-LOTTERIE

Mehr als ein Dutzend Mal musste Schalke ins Elfmeterschießen. Bilanz: 8:6.

19.12.1970, DFB-Pokal, 1. Runde, Wiederholungsspiel
Schalke 04 - VfL Wolfsburg .... (1:1) 3:1 i.E.

10.6.1972, DFB-Pokal, Halbfinale, Rückspiel
Schalke 04 - 1. FC Köln .... (5:2 n.V./1:4) 6:5 i.E.

1996, Fuji-Cup, Finale
Schalke 04 - Bayern München .... (2:2) 4:3 i.E.

21.5.1997, UEFA-Cup, Finale, Rückspiel
Inter Mailand - Schalke 04 .... (0:1/1:0 n.V.) 1:4 i.E.

29.9.1998, UEFA-Cup, 1. Runde, Rückspiel
Slavia Prag - Schalke 04 .... (0:1/1:0 n.V.) 5:4 i.E.

13.10.1999, DFB-Pokal, Achtelfinale
Energie Cottbus - Schalke 04 .... (2:2) 5:4 i.E.

4.12.2002, DFB-Pokal, Achtelfinale
Bayern München - Schalke 04 .... (0:0) 5:4 i.E.

27.11.2003, UEFA-Cup, 2. Runde, Rückspiel
Brøndby IF - Schalke 04 .... (1:2/2:1 n.V.) 3:1 i.E.

26.8.2004, DFB-Pokal, 2. Runde
1. FC Kaiserslautern - Schalke 04 .... (4:4) 3:4 i.E.

21.4.2005, DFB-Pokal, Halbfinale
Schalke 04 - Werder Bremen .... (2:2) 5:4 i.E.

29.7.2006, Ligapokal, 1. Runde
Schalke 04 - Bayer Leverkusen .... (1:1) 9:8 i.E.

2.8.2006, Ligapokal, Halbfinale
Bayern München - Schalke 04 .... (1:1) 5:3 i.E.

30.1.2008, DFB-Pokal, Achtelfinale
VfL Wolfsburg - Schalke 04 .... (1:1) 5:3 i.E.

5.3.2008, Champiions League, Viertelfinale
FC Porto - Schalke 04 .... (0:1/1:0 n.V.) 1:4 i.E.

SCHALKER IM WM-FINALE

Als **Gerald Asamoah** 2002 in Yokohama beim WM-Endspiel Deutschland gegen Brasilien eingewechselt wurde, wussten nur wenige, dass er nicht der erste Schalker in einem WM-Finale war. **Wim Suurbier** kam schon im Endspiel 1978 zwischen Gastgeber Argentinien und Holland im Trikot der niederländischen Elf ebenfalls als Reservist zum Zug. Der Tag des Finales, der 30. Juni 1978, war zugleich sein letzter Tag bei Schalke 04. Sein Vertrag bei den Königsblauen war nicht verlängert worden.

GROSS IN DEN ALPEN

64 Jahre dauerte es, bis der FC Schalke 04 zum ersten Mal in seiner Vereinsgeschichte das Endspiel um einen internationalen Pokal erreichte und dort siegte. 1968 gewannen die Knappen den Alpenpokal (Coppa delle Alpi), der vom italienischen Fußballverband ins Leben gerufen worden war. Dort spielten zunächst Nationalteams und danach Vereinsmannschaften der Alpen-Anlieger. Der Wettbewerb hatte so namhafte Sieger wie Juventus Turin, SSC Neapel, Girondins Bordeaux oder AS Monaco. 1967 hatte Eintracht Frankfurt den Pokal geholt.

Im Jahr danach spielte Schalke zunächst 1:1 gegen Eintracht Frankfurt, siegte dann 3:1 gegen Juventus Turin, 4:0 gegen FC Luzern, spielte 2:2 gegen US Cagliari und gewann 3:0 gegen Young Boys Bern. Dank des besseren Torverhältnisses gelang die Qualifikation fürs Finale.

Dort siegte Schalke am 2. Juli 1968 im St.-Jakob-Stadion beim FC Basel (mit den deutschen Spielern Helmut Benthaus und Jürgen Sundermann) mit 3:1 nach Verlängerung. Kurios war, dass Stürmer Bernd Michel, gerade in jenem Sommer von Hessen Kassel gekommen, alle drei Tore erzielte. Er brachte Schalke zunächst in Führung (8.), ehe Helmut Hauser vor 13.000 Zuschauern der Ausgleich für Basel gelang. Dann schlug der 21-Jährige noch zweimal zu (95./102.). Dies blieb Michels einzige Glanzleistung für Schalke: In der anschließenden Bundesliga-Saison machte er nur vier Spiele, und nur am ersten Spieltag war er für 90 Minuten auf dem Platz.

Man weiß nicht genau, warum die Mitglieder - bei der Gründungsversammlung 1924 - die Vereinsfarben Blau und Weiß für ihren FC Schalke 04 gewählt haben, aber es gibt drei Erklärungsansätze:

Die Masuren-Theorie

Sie besagt, dass Masuren die Schalker zu ihrer Farbwahl inspiriert haben. Viele von ihnen zählten zu den Einwanderern aus Ostpreußen, die an der Wende zum 20. Jahrhundert ins Revier kamen, um auf den Zechen zu arbeiten. Mit den sogenannten »Kartoffelzügen« kamen sie an, die Hausgans an der Leine und das gesamte Hab und Gut im traditionellen blau-weißen Bettzeug gebündelt. Die preußentreuen evangelischen Masuren hatten ihre Hochburg in Gelsenkirchen, und ihre Fahne war blau-weiß-rot. So kursierte damals ein böser Spottreim: »Die Nase rot vom Saufen, die Augen blau vom Raufen, die Haare weiß vom Huren, das sind die Farben der Masuren.«

Die Mode-Theorie

»Alle Mädchen, die so jung und schön, müssten alle Blau und Weiß spazieren gehn«, heißt es im Schalker Vereinslied. Blau und Weiß waren Anfang des 20. Jahrhunderts modern, die Farben standen in einer Zeit für Lebenslust und Leichtigkeit, die von großen wirtschaftlichen Problemen geprägt war. In seinem Buch »Die Königsblauen« schrieb Wilhelm Herbert Koch: »... Königsblau passte zum Schalker Spiel. Schalke 04 hat immer auf einen tadellosen Dress Wert gelegt: Königsblau, dazu ein sattgrüner Rasen, ein gelber Ball und nach Möglichkeit Sonne und Wärme, dann trat sich der Gegner, ausgetrickst und wie die Kängurus gehetzt, zur Freude der Schalker Anhänger auf die Zunge.«

Die Himmel-Theorie

»Blau und Weiß ist ja der Himmel nur«, heißt es im Schalker Vereinslied gleich in der ersten Strophe: Die Farben des Himmels standen demnach Pate für die Vereinsfarben, und das ist die wahrscheinlichste Erklärung. Denn die Club-Hymne entstand in den Tagen der Vereinsgründung - und warum sollte die Farbwahl nicht in den Text Einzug halten? Zudem war das Ruhrgebiet damals wirklich noch der Kohlenpott und Grau und Schwarz die vorherrschenden Farben. Blau und Weiß hingegen stand bei den Bergleuten, die unter Tage arbeiteten, für Luft, Freiheit und Freude.

EWIGE TABELLE DER GAULIGA WESTFALEN

	Spiele	Siege	Unents.	Niederl.	Tore	Punkte
1. FC Schalke 04	206	179	21	6	939:146	379: 33
2. Germania Bochum*	205	92	35	78	427:406	219:191
3. Westfalia Herne	187	85	28	74	380:354	198:176
4. Borussia Dortmund	150	71	27	52	384:320	169:131
5. SpVgg Röhlinghausen	131	47	26	58	231:283	120:142

*ab 1938 VfL Bochum

WER GAB DIE NAMEN?

Kampfbahn Glückauf

Vorsitzender Fritz Unkel ließ auf der Mitgliederversammlung des FC Schalke 04 beim Turnerwirt Heinrich Wegener darüber abstimmen, nachdem er den Vorschlag, das Stadion nach ihm zu benennen, abgelehnt hatte.
(weiterer Vorschlag: Fritz-Unkel-Kampfbahn)

Parkstadion Gelsenkirchen

Hubert Rosiejak, Gelsenkirchener Radsportexperte, gewann am 31. Mai 1972 einen von der Stadt Gelsenkirchen ausgeschriebenen Titelwettbewerb.
Seine Siegprämie: 200 Mark.
(weiterer Vorschlag: Ruhrstadion)

Arena AufSchalke

Vorschlag von Rudi Assauer auf einer erweiterten Vorstandssitzung.
(weiterer Vorschlag: Schalke-Park)

RÜCKENNUMMERNSALAT 2

Die höchste Rückennummer, die bislang ein Schalker Spieler trug, war die **39**. Verteidiger Thomas Kläsener trug sie in der Saison 2003/04 auf seinem Trikot.

DFB-Pokal-Halbfinale
2. Mai 1984, 20 Uhr, Parkstadion
71.000 Zuschauer (ausverkauft)

FC Schalke 04 – Bayern München 6:6 (4:4, 2:3) n.V.

Schalke
Trainer: Diethelm Ferner

Walter Junghans
Bernard Dietz*
Thomas Kruse — Mathias Schipper — Michael Jakobs
Peter Stichler
Michael Opitz (106. Klaus Berge) — Bernd Dierßen
Olaf Thon
Volker Abramczik (73. Hubert Clute-Simon) — Klaus Täuber

Karl-Heinz Rummenigge* — Michael Rummenigge
Reinhold Mathy
Hans Pflügler — Wolfgang Grobe (109. Wolfgang Kraus) — Søren Lerby
Bernd Dürnberger (77. Dieter Hoeneß) — Bertram Beierlorzer — Norbert Nachtweih
Klaus Augenthaler
Jean Marie Pfaff

Bayern München
Trainer: Udo Lattek

*Mannschaftskapitän

Tore: 0:1 K.H. Rummenigge (3.), 0:2 Mathy (12.), 1:2 Kruse (13.), 2:2 Thon (19.), 2:3 M. Rummenigge (20.), 3:3 Thon (61.), 4:3 Stichler (72.), 4:4 M. Rummenigge (80.), 4:5 Hoeneß (112.), 5:5 Dietz (115.), 5:6 Hoeneß (118.), 6:6 Thon (120.)
Schiedsrichter: Wolf Günter Wiesel (Ottbergen)

GROSSE WORTE 4

»Können Sie mir sagen, was saturiert bedeutet? Ich führe nämlich ein Fremdwörterbuch.«

Yves Eigenrauch, 1998
bei seiner einzigen Pressekonferenz im Kreis der Nationalmannschaft

DIE MEISTEN LIGASPIELE IN SERIE

135 Spiele
Olaf Thon *(5.8.1983 - 23.5.1987)*

•

134 Spiele
Rolf Rüssmann *(15.10.1977-29.11.1980)*

•

114 Spiele
Klaus Fichtel *(14.8.1965 - 30.10.1968)*

•

94 Spiele
Herbert Lütkebohmert *(3.5.1970 - 17.3.1973)*

•

92 Spiele
Jens Lehmann *(28.10.1995-9.5.1998)*

•

81 Spiele
Manfred Orzessek *(11.4.1954 - 10.2.1957)*

•

80 Spiele
Walter Junghans *(5.11.1982- 4.5.1985)*

•

73 Spiele
Norbert Nigbur *(8.5.1971 - 9.6.1973)*

•

70 Spiele
Manfred Drexler *(27.1.1981 - 27.11.1982)*

•

69 Spiele
Klaus Fischer *(18.2.1978 - 22.3.1980)*

EM-ENDRUNDEN-TEILNEHMER

Zwei Schalker gewannen auch den Titel: Kremers und Christensen.

1972
in Belgien
Erwin Kremers (2 Spiele)

1976
in Jugoslawien
Hannes Bongartz (1 Spiel), Branko Oblak (Jugoslawien/2 Spiele)

1988
in Deutschland
Olaf Thon (4 Spiele, 1 Tor)

1992
in Schweden
Bent Christensen (Dänemark/2 Spiele)

1996
in England
Jiri Nemec (Tschechien/6 Spiele), Radoslav Latal (Tschechien/4 Spiele)
Youri Mulder (Niederlande/1 Spiel)

2000
in den Niederlanden und Belgien
Emile Mpenza (Belgien/3 Spiele, 1 Tor),
Marc Wilmots (Belgien/3 Spiele), Jiri Nemec (Tschechien/3 Spiele),
Radoslav Latal (Tschechien/1 Spiel), Ebbe Sand (Dänemark/2 Spiele)

2004
in Portugal
Ebbe Sand (Dänemark/3 Spiele),
Christian Poulsen (Dänemark/3 Spiele)

2008
in Österreich und der Schweiz
Kuranyi (Deutschland/2 Spiele), Rakitic (Kroatien/3 Spiele)
Westermann (Deutschland/ohne Einsatz)

SPIELER, DIE BUNDESLIGA-TRAINER WURDEN

Zwei ehemalige Schalker Spieler wurden später als Trainer mit Revierrivalen Deutscher Meister. Fritz Szepan gewann 1955 mit Rot-Weiss Essen, Hermann Eppenhoff 1963 mit Borussia Dortmund den Titel. Insgesamt saßen bisher vierzehn frühere Schalker Spieler in der Bundesliga verantwortlich auf der Trainerbank.

HANS BONGARTZ	1. FC Kaiserslautern, Wattenscheid 09, MSV Duisburg, Bor. Mönchengladbach
GÜNTER BROCKER	1. FC Kaiserslautern, Werder Bremen, Schalke 04, RW Oberhausen
HERBERT BURDENSKI	RW Essen, Borussia Dortmund, Werder Bremen
MIKE BÜSKENS	Schalke 04
HERMANN EPPENHOFF	Borussia Dortmund, MSV Duisburg, VfL Bochum, VfB Stuttgart
KLAUS FISCHER	Schalke 04
GEORG GAWLICZEK	Schalke 04, Hamburger SV, Karlsruher SC, Tennis Borussia Berlin, Hertha BSC
WERNER LORANT	TSV München 1860
YOURI MULDER	Schalke 04
OLIVER RECK	Schalke 04
FRIEDEL RAUSCH	Schalke 04, E. Frankfurt, 1. FC Kaiserslautern, 1. FC Nürnberg, Bor. Mönchengladbach
MICHAEL SKIBBE	Borussia Dortmund, Bayer Leverkusen
HANS-JÜRGEN GEDE	Fortuna Düsseldorf
FRITZ PLISKA	RW Essen

ZUSCHAUERBOOM DANK ARENA

2001/02	1.027.920	Schnitt: 60.466
2002/03	1.029.919	Schnitt: 60.583
2003/04	1.039.452	Schnitt: 61.044
2004/05	1.042.791	Schnitt: 61.341
2005/06	1.041.131	Schnitt: 61.243
2006/07	1.042.921	Schnitt: 61.348
2007/08	1.041.664	Schnitt: 61.274

ASSI UND DIE BRASILIANER

Die Geschichte von Rudi Assauer und den Brasilianern ist die einer sehr langsamen Annäherung.

1998 – *Auf die Frage, warum kein Star aus Brasilien auf Schalke spielt:* »Wir haben das bewusst so gemacht, denn diese Leute verdienen alle zu viel Geld. Wir haben bei uns ein enges Konzept geschnürt, was die Spielergehälter anbelangt. Es wäre fatal, dies zu brechen. Große Künstler passen noch nicht zu Schalke. Weder wirtschaftlich noch von der Mentalität des Publikums her. Unsere Fans wollen Typen spielen sehen, die 90 Minuten arbeiten können.«

1999 – *Als die Zahl brasilianischer Spieler in der Bundesliga deutlich stieg:* »Südamerikaner passen nicht auf Schalke. Von der Mentalität her sind uns Holländer, Belgier und Tschechen viel ähnlicher. Die werden von den Fans akzeptiert. Die arbeiten auf dem Platz und passen auch in unser Gehaltsgefüge. Ich kann dem Fan in der Kurve, der womöglich noch arbeitslos ist, doch nicht erklären, dass irgend so ein Ballzauberer auf dem Platz fünf Millionen Mark verdient.«

2001 – *Nach der Verpflichtung des Argentiniers Anibal Matellán durch Schalke:* »Brasilianer passen nicht auf Schalke. Argentinier schon. Die haben eine andere Mentalität. Das sind Kämpfer.«

2002 – *Als die Uruguayer Darío Rodríguez und Gustavo Varela zu Schalke kamen:* »Ein Brasilianer passt noch nicht zu Schalke. Die Mentalität der Uruguayer und Argentinier kommt uns und dem Ruhrgebiet dagegen viel näher. Viele Deutsche sind während oder nach dem Zweiten Weltkrieg dahin ausgewandert.«

2003 – *Als mit Eduardo Alcides der erste Brasilianer zu Schalke wechselte:* »Eduardo ist ein Verteidiger. Das ist was anderes. Wenn ich vorher über Brasilianer gesprochen habe, meinte ich Stürmer, Offensivspieler. Außerdem kommt Eduardo aus dem Norden Brasiliens. Da herrscht eine ganz andere Mentalität.«

2003 – *Nach den Erfahrungen mit den ersten vier Südamerikanern auf Schalke:* »Wir wollen nach Möglichkeit deutsche Spieler verpflichten.

Und wenn das nicht klappt, ist es besser, auf europäische Spieler zu setzen anstatt auf Südamerikaner. Bei Südamerikanern hat man nie die Gewissheit, auch wenn sie in ihrer Heimat Großartiges leisten, dass sie sich auch in Europa und speziell in der Bundesliga durchsetzen. Das ist wohl eine Mentalitätsfrage. Bei Europäern hat man dieses Gefühl nicht. Schalke hatte gerade mit Tschechen, Holländern oder Belgiern auch mehr Erfolge.«

2004 – *Marcelo Bordon und Lincoln wechseln zu Schalke:* »Das ist kein Problem. Lincoln hat schon ein Jahr in der Bundesliga gespielt. Da ist die Eingewöhnungsphase vorbei, und er versteht auch Deutsch. Und Marcelo denkt sowieso wie ein Deutscher.«

2005 – *Assauer nach der Verpflichtung des 20-jährigen Juniorennationalspielers Rafinha direkt aus Brasilien:* »Ein Rohdiamant.«

IN DER UEFA-FÜNFJAHRESWERTUNG

Seit 1999 stellt die UEFA eine Rangliste der europäischen Vereine anhand der sogenannten Fünfjahreswertung auf: Diese ist für die Setzlisten der beiden Klubwettbewerbe Champions League und UEFA-Cup wichtig, entscheidet also darüber, ob man schon früh schwere Gegner zugelost bekommt. Für die Berechnung werden Punkte pro Europapokal-Saison vergeben, über einen Zeitraum von fünf Jahren addiert sowie ein Wert für die Leistungsstärke aller Vereine eines Landesverbandes hinzugezählt. Dieser Klubkoeffizient entscheidet über die Platzierung in der Rangliste.

Jahr	Platz	Punktzahl
1999	20	55,749
2000	25	56,201
2001	27	57,316
2002	52	46,495
2003	65	40,566
2004	63	34,331
2005	44	44,166
2006	20	64,960
2007	28	60,640
2008	22	67,078

FEIERN IM FREMDEN TRIKOT

Fünf Spieler wurden nach ihrer Zeit auf Schalke mit anderen Klubs Europapokalsieger.

Franz Hasil
1970 Europapokalsieger der Landesmeister mit Feyenoord Rotterdam
Klaus Täuber
1988 UEFA-Cup-Sieger mit Bayer Leverkusen
Steffen Freund
1997 Champions-League-Sieger mit Borussia Dortmund
Thomas Linke
2001 Champions-League-Sieger mit Bayern München
Christian Poulsen
2007 UEFA-Cup-Sieger mit FC Sevilla

Jens Lehmann
stand zwar 2002 mit Borussia Dortmund im UEFA-Cup-Finale und 2006 mit Arsenal FC im Endspiel der Champions League, doch beide Spiele gingen mit 2:3 bzw. 1:2 verloren. In der letztgenannten Partie sah Lehmann wegen einer Notbremse die Rote Karte.

DIE HÖCHSTEN SIEGE IN DER OBERLIGA WEST

Heimspiele	**8:0**	gegen Borussia Mönchengladbach (24.9.1950)
	8:1	gegen Preußen Dellbrück (25.2.1951)
	7:0	gegen Rheydter SV (8.11.1953)
	7:0	gegen Duisburger SV (13.5.1961)
	7:1	gegen Alemannia Aachen (22.2.1953)
	7:1	gegen Alemannia Aachen (10.1.1954)
	7:1	gegen Rot-Weiß Oberhausen (27.10.1957)
Auswärtsspiele	**8:1**	bei TSV Marl-Hüls (2.9.1961)
	5:0	bei Sportfreunde Katernberg (11.1.1953)
	5:0	bei Hamborn 07 (11.8.1957)
	6:2	bei Borussia Mönchengladbach (24.8.1952)

SOUNDTRACK ZUM UEFA-CUP-SIEG

Folgende Gesänge und Schlachtrufe entstanden auf dem Weg zum UEFA-Cup-Sieg 1997 in den Schalker Kurven.

»Das Schwarze Meer ist Blau und Weiß!«
(nach dem Weiterkommen in der 2. Runde in Trabzon)

»Wir schlugen Roda, wir schlugen Trabzon, wir schlugen Brügge sowieso, Teneriffa, Inter Mailand und Monaco – das wär 'ne Show!«
(nach Achtelfinal-Hinspiel in Brügge aus dem Bus Nummer 12 des Schalke-Konvois auf dem Anrufbeantworter von Mike Büskens)

»Hasta la vista, Schalke finalista!«
(vor und nach dem Viertelfinal-Rückspiel in Valencia)

»Steht auf, wenn ihr Schalker seid!«
(während des Halbfinal-Rückspiels im Parkstadion gegen Teneriffa)

»Wir schlugen Roda, wir schlugen Trabzon, wir schlugen Brügge sowieso, Valencia, Teneriffa, Inter Mailand – das war 'ne Show!«
(nach dem Finalsieg in Mailand)

RECHTSAUSSEN INTERNATIONAL

Verglichen mit anderen Traditionsvereinen hat der FC Schalke 04 nicht besonders viele Nationalspieler gestellt. Auf einer Position ist der Klub jedoch auffallend gut vertreten: auf der des Rechtsaußen.

1.	HENNES TIBULSKY	1931	1
2.	HERMANN EPPENHOFF	1940–1942	3
3.	BERNHARD KLODT	1950–1959	19
4.	WILLI KOSLOWSKI	1962	3
5.	REINHARD LIBUDA	1963–1970	24
6.	RÜDIGER ABRAMCZIK	1977–1979	17
7.	GERALD ASAMOAH	seit 2001	43

DAS GEBURTSHOROSKOP DES FC SCHALKE 04

♒ Wassermann ♓ Fische ♈ Widder ♉ Stier ♊ Zwillinge ♋ Krebs

Die Sterne stehen günstig, als der Fußballverein am 4. Mai 1904 zur Welt kommt. Ist es nicht vielleicht genau um 19:04 Uhr gewesen? Eher ging es vermutlich sowieso nicht. Die jüngeren Vereinsgründer kommen zwar schon mittags aus der Schule, die Lehrlinge um Willy Gies und Co. können jedoch erst abends dazustoßen. So ergibt sich zu jenem Zeitpunkt auf einem Fleckchen Erde, der Hauergasse, mit den Koordinaten 51:31 Grad nördlicher Breite und 7:05 Grad östlicher Länge – genannt Schalke – folgende Sternenkonstellation für das Geburtshoroskop des FC Schalke 04: Sternzeichen Stier mit dem Aszendenten Schütze. Und das sagen die Sterne über seine Eigenschaften aus:

Der FC Schalke 04 möchte sich von der Masse absetzen und versucht daher, stets originell zu sein. Doch das führt mitunter dazu, dass etwas angefangen, aber nicht zu Ende gebracht wird. Die Lebensfreude der Schalker wirkt ansteckend. Sie bleibt der Umgebung nicht verborgen, denn sie wird beständig und überall zum Ausdruck gebracht. In diesem Enthusiasmus schwingt die Sehnsucht mit, dass sich alle Wünsche erfüllen sollen, und zwar sofort.

Der Verein ist impulsiv und leidenschaftlich wie kein zweiter. Wer einmal in seinen Bann gerät, hat keine Chance. Er fühlt sich für immer hingezogen. Der Auserwählte erliegt dem Charme des Vereins, denn dieser hat schließlich alle Kraft zur Eroberung eingesetzt.

Diese unglaubliche Passion hat auch eine negative Seite: Dinge, für die man eben noch Feuer und Flamme war, können im nächsten Moment fallen gelassen werden. Die Gefühle der Mitglieder und Fans pendeln zwischen Leidenschaft und Zerrissenheit – dies macht den Verein emotional instabil.

Der Charakter des Vereins offenbart sich durch die starken Gefühle, die man für ihn hegt und die er einfordert. Seinen Weg verfolgt er mit Aufrichtigkeit und Einfachheit, mit klarer Auffassungsgabe und gesundem Menschenverstand, mit Pragmatismus und Gelassenheit. Seine Selbst-

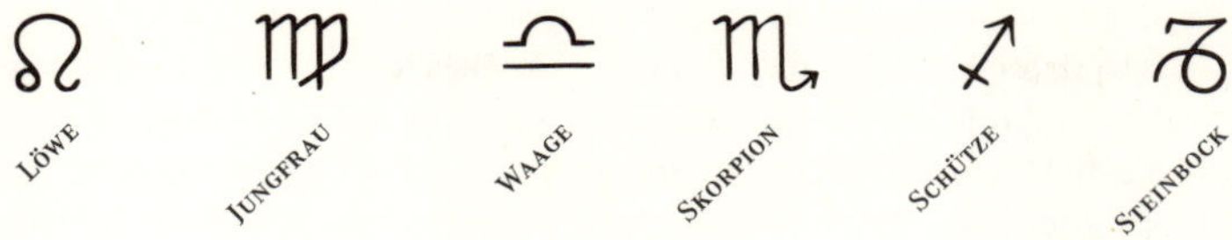

sicherheit ist positiv, doch es gibt auch die Tendenz zu großer Ichbezogenheit: Wenn man zu sehr mit sich selbst beschäftigt ist, geht dies meist auf Kosten anderer. Doch das wird akzeptiert: Lieber isoliert man sich, als seine Unabhängigkeit aufzugeben.

Intuition hilft den Schalkern bei allen wichtigen Entscheidungen, doch manchmal ist der Verein zu leicht von außen zu beeinflussen. Dann bekommt die Meinung anderer eine größere Bedeutung, als sie tatsächlich hat. Andererseits sind die Schalker sehr kritisch und haben in der Analyse ihre Stärken. Kein Wunder, möchte man doch die Kontrolle über alles, was im Verein und um ihn herum geschieht. So schnell jede Situation durchschaut wird, umso mehr Zeit braucht man indes für die Umsetzung mancher Idee. Doch wenn die Schalker erst einmal von einer Sache überzeugt sind, kann sie nichts in der Welt mehr davon abbringen. Diese Starrköpfigkeit führt jedoch manchmal in die Irre. Und wehe, wenn sich auf diesem Weg ein Hindernis auftut: Unkontrollierte Wutausbrüche sind die Folge.

(mit Hilfe von www.goFeminin.de)

ENDRUNDENSPIELE UM DIE DEUTSCHE MEISTERSCHAFT

Bis zur Einführung der Bundesliga 1963 wurden die Deutschen Meister in Endrundenspielen mit abschließendem Finale ermittelt.

Die meisten Einsätze:

1. Fritz Szepan 87
2. Ernst Kuzorra 79
3. Otto Tibulsky 77
4. Hans Bornemann 68
5. Ernst Kalwitzki 66

Die meisten Tore:

1. Fritz Szepan 55
2. Ernst Kalwitzki 54
3. Ernst Kuzorra 50
4. Adolf Urban 30
5. Ernst Poertgen 28

INTERTOTO-RUNDE

Um in der fußballlosen Sommerzeit Spiele für die nationalen Toto-Gesellschaften anbieten zu können, wurde 1961 der Intertoto-Cup ins Leben gerufen. Der Wettbewerb hieß zunächst International Football Cup (IFC), und bis 1967 wurde nach der Gruppenphase sogar ein Gesamtsieger im K.-o.-System ermittelt. Nachdem diese Play-offs aus Terminschwierigkeiten abgeschafft worden waren, bestand die sogenannte Intertoto-Runde nur noch aus Gruppenspielen. 1995 wurde daraus der UEFA-Intertoto-Cup, also ein offizieller UEFA-Wettbewerb. In der ewigen Tabelle des Intertoto-Cups liegt Schalke 04 mit 72 Punkten auf Platz 58. Siebenmal nahmen die Knappen an diesem Wettbewerb teil, von 42 Spielen wurden 22 gewonnen, 14 verloren, sechs endeten unentschieden.*

1961/62: Gruppe B1 – Platz 2

8:4 Punkte, 22:12 Tore

Feyenoord Rotterdam	1:5/3:1
IFK Göteborg	4:1/4:2
FC La Chaux de Fonds	8:0/2:3

1964/65: Gruppe C3 – Platz 3

7:5 Punkte, 10:12 Tore

Polonia Bytom	2:0/0:6
RC Lens	2:1/2:2
Degerfors IF	4:1/0:2

1967: Gruppe B5 – Platz 4

7:5 Punkte, 7:7 Tore

Zaglebie Sosnowiec	1:0/0:1
Wacker Innsbruck	1:1/2:1
Djurgarden Stockholm	2:0/1:4

1973: Gruppe 7 – Platz 4

0:12 Punkte, 7:16 Tore

Feyenoord Rotterdam	1:2/3:4
Standard Lüttich	1:2/1:3
AS St. Etienne	0:2/1:3

1992: Gruppe 6 – Platz 3

6:6 Punkte, 11:11 Tore

Lyngby BK	1:2/1:3
SM Caen	1:1/1:1
RKC Waalwijk	4:2/3:2

2003: Sieger

Dacia Chisinau	1:0/2:1
Slovan Liberec	2:1/0:0
SV Pasching	0:0/2:0

2004: Sieger

Vardar Skopje	5:0/2:1
Esbjerg fB	3:0/3:1
Slovan Liberec	2:1/1:0

*Auf Platz eins liegt übrigens Malmö FF. Die Schweden waren 29-mal dabei und holten dabei (nach der Dreipunkteregel) 288 Zähler. Es folgen Standard Lüttich (20/196) und Slovan Bratislava (13/166). Bestes deutsches Team auf Rang 15 ist Eintracht Braunschweig (15/160).

BESONDERE PLATZVERWEISE

20.9.1969 Hans Pirkner wird während eines »Wohltätigkeitsspiels« beim Wuppertaler SV von einem Aushilfs-Schiedsrichter – der eigentliche Unparteiische war nicht erschienen – vom Platz gestellt: fünf Spiele Sperre.

18.5.1974 Erwin Kremers erhält in der 84. Minute des letzten Saisonspiels beim 1. FC Kaiserslautern wegen Schiedsrichter-Beleidigung die Rote Karte und wird aus dem WM-Aufgebot gestrichen.

19.10.2002 Gustavo Varela und der Ex-Schalker Marco Kurz erhalten beim Spiel bei TSV München 1860 nach den gerade eingeführten neuen Regeln als »Auslöser einer Rudelbildung« die Rote Karte. Sie bleiben für Jahre die Einzigen in der Bundesligageschichte, die für dieses Vergehen vom Platz gestellt werden.

22.2.2003 Victor Agali sieht nach einem Revanchefoul gegen Dede von Borussia Dortmund die Rote Karte. Den Vorfall gemeldet hatte Schiedsrichter Herbert Fandel sein Vierter Offizieller Uwe Kemmling, der allerdings den vorangegangenen Ellbogenstoß Dedes übersehen hatte.

15.10.2004 Schiedsrichter Wolfgang Stark zeigt Lincoln im Spiel gegen den VfL Bochum die Gelb-Rote Karte, weil dieser angeblich zu langsam vom Platz geht. Unzählige ähnlich gemütliche Auswechslungen bleiben in der Bundesliga in der Folgezeit ungeahndet.

GROSSE WORTE 5

»Ich möchte Trainer werden, aber so ein richtig altmodischer: Ich möchte herumschreien, die Spieler anmaulen. Mit Zigarre im Mund, mit allem Drum und Dran.«

Youri Mulder über seine Wünsche nach dem Karriereende

AUSLÄNDER FÜR SCHALKE

1.	Gyula Toth	1964-1965	Ungarn
2.	Zarko Nikolic	1966-1968	Jugoslawien
3.	Waldemar Slomiany	1967-1970	Polen
4.	Franz Hasil	1968-1969	Österreich
5.	Heinz van Haaren	1968-1972	Niederlande
6.	Hans Pirkner	1969-1971	Österreich
7.	Nico Braun	1971-1973	Luxemburg
8.	Branko Oblak	1975-1977	Jugoslawien
9.	Dragan Mutibaric	1975-1976	Jugoslawien
10.	Enver Maric	1976-1978	Jugoslawien
11.	Lennart Larsson	1977-1979	Schweden
12.	Wim Suurbier	1977-1978	Niederlande
13.	Vilson Dzoni	1979-1981	Jugoslawien
14.	Mario Boljat	1979-1980	Jugoslawien
15.	Kurt Jara	1980-1981	Österreich
16.	Ilyas Tüfekci	1981-1983	Türkei
17.	Dragan Holcer	1981-1982	Jugoslawien
18.	Pavel Macak	1983-1987	Tschechoslowakei
19.	Bjarne Goldbaek	1987-1990	Dänemark
20.	Alex Nielsen	1987-1989	Dänemark
21.	Jarek Kotas	1988-1990	Polen
22.	Christos Figas	1988-1989	Griechenland
23.	Alexandr Borodjuk	1989-1994	UdSSR
24.	Vladimir Ljuty	1989-1991	UdSSR
25.	Radmilo Mihajlovic	1990-1993	Jugoslawien
26.	Bent Christensen	1991-1993	Dänemark
27.	Jiri Nemec	1993-2002	Tschechien
28.	Youri Mulder	1993-2002	Niederlande
29.	Chad Deering	1993-1994	USA
30.	Fabijan Komljenovic	1993-1994	Kroatien
31.	Sergej Dikhtiar	1993-1996	Ukraine
32.	Miguel Pereira	1993-1995, 1996-1999	Angola
33.	Radoslav Latal	1994-2001	Tschechien
34.	Tom Dooley	1995-1997	USA
35.	David Wagner	1995-1997	USA
36.	Marc Wilmots	1996-2000, 2001-2003	Belgien
37.	Johan de Kock	1996-2000	Niederlande
38.	Marco van Hoogdalem	1997-2005	Niederlande
39.	René Eijkelkamp	1997-1999	Niederlande
40.	Michael Goossens	1997-2000	Belgien
41.	Denis Kliouev	1997-1999	Russland
42.	Filip Tapalovic	1997-1999	Kroatien

43. ....Nico van Kerckhoven ....1998-2004 ....Belgien
44. ....Hami Mandirali ....1998-1999 ....Türkei
45. ....Ünal Alpugan ....1998-2001 ....Türkei
46. ....Frode Grodas ....1998-2001 ....Norwegen
47. ....Ebbe Sand ....1999-2006 ....Dänemark
48. ....Tomasz Waldoch ....1999-2006 ....Polen
49. ....Niels Oude Kamphuis ....1999-2005 ....Niederlande
50. ....Emile Mpenza ....1999-2003 ....Belgien
51. ....Tamas Hajnal ....1999-2002 ....Ungarn
52. ....Sergio Pinto ....1999-2004 ....Portugal
53. ....Krisztian Szollar ....1999-2002 ....Ungarn
54. ....Tomasz Hajto ....2000-2004 ....Polen
55. ....Sladan Peric ....2000-2002 ....Dänemark
56. ....Sven Vermant ....2001-2005 ....Belgien
57. ....Victor Agali ....2001-2004 ....Nigeria
58. ....Anibal Matellan ....2001-2004 ....Argentinien
59. ....Kristijan Djordjevic ....2001-2003 ....Jugoslawien
60. ....Christian Poulsen ....2002-2006 ....Dänemark
61. ....Gustavo Varela ....seit 2002- ....Uruguay
62. ....Darío Rodríguez ....2002-2008 ....Uruguay
63. ....Abdul Iyodo ....2002-2003 ....Nigeria
64. ....Filip Trojan ....2002-2004 ....Tschechien
65. ....Levan Kobiashvili ....seit 2003- ....Georgien
66. ....Hamit Altintop ....2003-2007 ....Türkei
67. ....Eduardo Alcides ....2003-2004 ....Brasilien
68. ....Eduard Glieder ....2003-2004 ....Österreich
69. ....Volkan Ünlü ....2003-2004 ....Türkei
70. ....Mladen Krstajic ....seit 2004- ....Serbien und Montenegro
71. ....Ailton ....2004-2005 ....Brasilien
72. ....Lincoln ....2004-2007 ....Brasilien
73. ....Marcelo Bordon ....seit 2004- ....Brasilien
74. ....Rafinha ....seit 2005 ....Brasilien
75. ....Zlatan Bajramovic ....2005-2008 ....Bosnien und Herzegowina
76. ....Søren Larsen ....2005-2008 ....Dänemark
77. ....Halil Altintop ....seit 2006- ....Türkei
78. ....Peter Løvenkrands ....seit 2006- ....Dänemark
79. ....Ivan Rakitic ....seit 2007- ....Kroatien
80. ....Carlos Grossmüller ....seit 2007- ....Uruguay
81. ....Zé Roberto ....seit 2008- ....Brasilien
82. ....Levan Kenia ....seit 2008- ....Georgien
83. ....Jefferson Farfan ....seit 2008- ....Peru
84. ....Orlando Engelaar ....seit 2008- ....Niederlande

Vereinsfarben Blau und Weiss

Die ersten Farben des fünf Jahre nach dem FC Schalke 04 gegründeten Ballspielverein Borussia Dortmund waren Blau und Weiß, dekoriert wurden die Hemden zusätzlich mit einer roten Schärpe, die die Verbundenheit der Jungen, die aus einer Kirchengemeinde stammten, mit der Arbeiterklasse symbolisieren sollte.

Erster Trainer Fritz Thelen

Dortmunds Präsident August Busse fragte sich 1935, was man machen müsse, damit der in der Bezirksliga dümpelnde BVB in die Gauliga aufsteigt. Er pflegte gute Beziehungen zu Ernst Kuzorra, und der erklärte ihm: »Ihr braucht einen hauptamtlichen Trainer.« Den passenden Mann konnte Kuzorra auch gleich empfehlen, seinen Schwager Fritz Thelen. Der schaffte 1936, gleich in seiner ersten Saison, mit dem BVB den Aufstieg.

Allererster Trainer Ernst Kuzorra

Da der von ihm selbst vorgeschlagene Thelen aber erst einige Monate später bei den Dortmundern anfangen sollte, half Kuzorra aus. Einige Monate lang war das Schalker Idol also Trainer beim BVB und eine große Attraktion. Es kamen jede Menge Schaulustige zum Borussen-Sportplatz, um ihn trainieren zu sehen.

Eine schöne Seite fürs Goldene Buch

Am 25. Juni 1934 hielt der Sonderzug, der die Schalker nach ihrem ersten Meisterschaftstriumph zurück nach Gelsenkirchen brachte, im Dortmunder Hauptbahnhof. Die Mannschaft stieg aus und wurde zum Dortmunder Rathaus gebracht, wo sie sich ins Goldene Buch der Stadt eintrug. Der Finalsieg über Nürnberg wurde als Erfolg für den gesamten Fußball in Westfalen bejubelt.

Spiele um die Deutsche Meisterschaft

Nicht nur das erste Endrundenspiel, das die Schalker um die deutsche Meisterschaft bestritten, sondern gleich zehn weitere Spiele fanden im Dortmunder Stadion »Rote Erde« statt. Es zählte zu den größten der Region, während die Glückauf-Kampfbahn anfangs noch nicht ausgebaut war.

Schützenhilfe zur Meisterschaft

Zweimal leisteten die Schalker den Dortmundern auf dem Weg zu ihren Meisterschaften Schützenhilfe: 1995 wurde BVB-Konkurrent Werder Bremen am 32. Spieltag mit 4:2 bezwungen. So konnte der BVB (der das leichtere Restprogramm hatte) bis auf einen Punkt auf den Tabellenführer aufschließen. In der Saison darauf machten die Schalker ihren Reviernachbarn zum Meister, als sie am 33. Spieltag den FC Bayern dank eines Kopfballtors von Andreas Müller in letzter Minute mit 2:1 bezwangen.

Benefizspiel zur Stadioneröffnung

Am 2. April 1974 wurde das Westfalenstadion mit einem Freundschaftsspiel zwischen Borussia Dortmund und Schalke 04 eingeweiht. Schalke trat ohne Gage an, da es dem Nachbarn, seinerzeit in der Zweiten Liga, finanziell nicht gut ging.

Transfer von Stan Libuda

Nachdem die Schalker am Ende der Saison 1964/65 zunächst sportlich abgestiegen schienen, gab Stan Libuda dem Werben der Borussia nach und wechselte nach Dortmund. Durch den Siegtreffer des Schalker Idols konnten die Borussen 1966 ihren ersten Europapokal gewinnen. Libudas 30-Meter-Heber in der 106. Minute des Finales von Glasgow gegen Liverpool ist bis heute in Dortmund Legende.

Ausbildung von Herbert Sandmann

Sandmann war einer der Leistungsträger der Borussia in den 50er-Jahren und stand als Verteidiger in der Mannschaft, die 1956 und 1957 in identischer Aufstellung die Deutsche Meisterschaft gewann. Bis 1949 war er bereits für Schwarz-Gelb am Ball gewesen und wechselte dann für zwei Jahre nach Gelsenkirchen. »Erst in Schalke habe ich das Fußballspielen gelernt«, sagte der Torjäger, der in 48 Oberliga-Spielen für die Knappen 23-mal traf, hinterher.

Geheimmanager Günter Siebert

Schalkes Präsident »Oskar« Siebert wird 1973 auf Bitten seines Dortmunder Kollegen Heinz Günther für vier Monate Manager beim BVB, um den angeschlagenen Klub wieder in ruhiges Fahrwasser zu bringen. Als Gegenleistung überwiesen die Dortmunder beim Wechsel von Abwehrspieler Gerhard Kleppinger 14 Jahre später statt der festgeschriebenen Ablösesumme von 380 000 Mark freiwillig 70 000 Mark mehr.

SCHALKE IN ORANJE

1904 Die Jungen des gerade neu gegründeten Klubs Westfalia Schalke suchen nach den geeigneten Vereinsfarben. Sie entscheiden sich für Rot und Gelb. In diesen Trikots hatte sie eine Mannschaft aus den Niederlanden beeindruckt, die kurz zuvor beim großen Rivalen SuS Schalke 96 angetreten war.

1929 Großer Prestigeerfolg für Schalke 04. Man besiegt den FC Enschede, den Meister Osthollands, mit 6:1.

1952 Als erste deutsche Mannschaft tritt Schalke 04 nach dem Zweiten Weltkrieg in den Niederlanden an. Beim FC Blijerheide, Sechster der Eredivisie und wie die Knappen ein Bergarbeiterklub, sammelt man nicht nur beim 0:0 viele Sympathiepunkte, sondern auch bei der anschließenden gemeinsamen Feier. Lautstark stimmen beide Teams den damals aktuellen Karnevalsschlager an: »Der schönste Platz ist immer an der Theke.«

1995 Einige der vielen Schalke-Fans in den Niederlanden organisieren sich im Fan-Club Blau und Weiß Enschede. Dessen Vorsitzender Henny ten Vergert hat seinen Sohn Erwin nach Linksaußen Erwin Kremers getauft.

1997 Schalke 04 wird UEFA-Cup-Sieger. Einen wesentlichen Anteil daran haben die drei Oranjes: Youri Mulder, Johan de Kock und Trainer Huub Stevens.

SENSATIONSNIEDERLAGEN

Zwischen 1933 und 1945 gewann der FC Schalke 04 ununterbrochen die Meisterschaft in der Gauliga Westfalen. Die Königsblauen waren der Konkurrenz so überlegen, dass es überhaupt nur sechs Mannschaften in diesen 13 Spielzeiten gelang, Schalke zu besiegen, keiner von ihnen mehr als einmal.

7.1.1934	SuS Hüsten 09 – FC Schalke 04	2:1
21.10.1934	FC Schalke 04 – SV Höntrop	0:1
17.3.1935	Union Recklinghausen – FC Schalke 04	1:0
18.2.1940	VfB Bielefeld – FC Schalke 04	3:1
21.12.1941	Arminia Bielefeld – FC Schalke 04	2:1
14.11.1943	Borussia Dortmund – FC Schalke 04	1:0

PROMINENTE SCHALKER

Während sich auf den VIP-Tribünen anderer Klubs die Prominenten drängeln (und wie Marius Müller-Westernhagen je nach Tabellenstand Fans von Bayern München oder Borussia Dortmund sind), ist die Zahl der Berühmtheiten auf Schalke eher übersichtlich.

FRANK BUSEMANN	Sportler des Jahres 1996
PETER EISENMAN	Architekt
KATRIN GÖRING-ECKARDT	Politikerin, Vizepräsidentin des Deutschen Bundestags
MICHAEL HAAS	Handballer, Weltmeister 2007
PETER LOHMEYER	Schauspieler, »Das Wunder von Bern«
HELMUT DE RAAF	Eishockeyspieler, Nationaltorhüter
CHARLOTTE ROCHE	TV-Moderatorin und Autorin
CHRISTIAN STRÖBELE	Politiker
FRANK-WALTER STEINMEIER	Außenminister
CHRISTIAN SÜSS	Tischtennisspieler, Europameister 2007
LUDGER VOLLMER	Politiker

KÖNIGSBLAUE AUTOBIOGRAFIEN

Genau eine Handvoll Schalker Spieler hat bereits während oder nach dem Ende der Karriere ihr Leben aufgeschrieben.

ERNST KUZORRA
Der blau-weiße Kreisel, Ernst Kuzorra erinnert sich (1980)

JIRI NEMEC
*Delník a umelec** (1998)

EBBE SAND
*Mennesket bag malene*** (2002)

FRANZ HASIL
Eine Wiener Fußballgeschichte (2004)

KLAUS FISCHER
Fallrückzieher und mehr (2005)

HUUB STEVENS
Huub Stevens (2008)

* deutsch: »Künstler und Arbeiter« **deutsch: »Der Mann hinter den Toren«

Da die Knappen ihre strahlendsten Erfolge in der dunkelsten Zeit Deutschlands errangen, in den Jahren der NS-Diktatur, galt der FC Schalke 04 lange als Nazi-Verein. Die vom Verein in Auftrag gegebene und im März 2005 erschienene unabhängige wissenschaftliche Studie über den Verein in der Zeit des Nationalsozialismus (»Zwischen Blau und Weiß liegt Grau«) kam jedoch zu dem Ergebnis, dass die Schalker nicht besser oder schlechter waren als der Rest der Gesellschaft. Sie waren keine überzeugten Widerstandskämpfer, aber auch keine fanatischen Ideologen.

Der Anteil der Mitglieder in der NSDAP entsprach mit rund 20 Prozent ebenfalls dem Durchschnitt der deutschen Bevölkerung. Es ging eher um ein »unpolitisches Bekenntnis«: Die Parteimitgliedschaft sollte persönliche Vorteile bringen, man ließ sich gerne für die sportlichen Erfolge feiern und darüber für Propagandazwecke instrumentalisieren oder man wollte einfach in Ruhe der Vereinstätigkeit nachgehen. Damit ordneten sich die Schalker Akteure in den Mainstream kleinbürgerlichen Denkens dieser Zeit ein.

Spieler, die Mitglied in der NSDAP waren

	Eintrittsdatum	Mitgliedsnummer
Heinrich Flotho	1. Mai 1933	3565050 (ab 1942 bei Schalke)
Hermann Nattkämper	1. Mai 1937	4967556
Ernst Kuzorra	1. Mai 1937	5415713
Fritz Szepan	1. Mai 1937	5416068
Hans Bornemann	1. Mai 1937	5972067
Wilhelm Dargaschewski	1. Mai 1944	10058700

Wichtige Vereinsmitglieder, die in der NSDAP waren

	Funktion	Eintrittsdatum
Henriette Thiemeyer	Vereinswirtin 1928–44	1. Mai 1933
Wilhelm Münstermann	Vorsitzender 1932–33	1. Mai 1933
Georg Stolze	Vorsitzender 1933	1. Mai 1933
Henrich Tschenscher	Vorsitzender 1939–40	1. Mai 1933
Heinrich Pieneck	Vorsitzender 1940–46	1. Mai 1933
Kurt Otto	Trainer 1929–30, 1932–33	1. Januar 1937
Gustav Wieser	Trainer 1928–29	1. Dezember 1938

		BL	2L	OL	GL	DM	WD	DP	EC	PS	gesamt
1.	Ernst Kuzorra			1	147	50	44	24		10	276
2.	Fritz Szepan			1	118	55	30	20		7	231
3.	Klaus Fischer	182						34	7		223
4.	Ernst Kalwitzki				113	54		28			195
5.	Bernhard Klodt			129	7	10			3	17	166
6.	Hermann Eppenhoff			18	88	26		14		1	147
7.	Adolf Urban				79	30		12			121
8.	Ebbe Sand	74						18	10	3	105
9.	Ernst Poertgen				59	28		17			104

BL = Bundesliga
2L = 2. Liga
OL = Oberliga
GL = Gauliga
DM = Endrunde um Deutsche Meisterschaft

WD = Westdeutsche Meisterschaft/Ruhrbezirksmeisterschaft
DP = Deutscher Pokal
EC = Europacup
PS = diverse Pflichtspiele (Landesliga, Britische Zonenmeisterschaft, UI-Cup, Westdeutscher Pokal, Westfalenpokal, Ligapokal, Relegationsspiele)

Willi Nier † 28. August 1930

Die Leiche des Schalker Finanzobmanns wird an einem Donnerstagmorgen um kurz vor sechs Uhr zwischen Schleuse IV und Sutumer Straße, unterhalb der Hafenschänke, aus dem Rhein-Herne-Kanal gefischt. Der beliebte Mann, 39 Jahre alt und Vater von zwei kleinen Kindern, hat sich das Leben genommen. Schalke 04 ist drei Tage zuvor von der Spruchkammer des Westdeutschen Spielverbandes verurteilt worden, nachdem Niers Kassenbücher gezeigt hatten, dass den Spielern zu hohe Spesen und weitere Vergünstigungen gewährt worden waren. Profitum ist damals zwar verboten, aber solche Zahlungen übliche Praxis bei allen Vereinen. Doch nur Schalke wird streng bestraft. Die Richter verhängen zunächst 22 lebenslange Sperren gegen Spieler und Offizielle sowie eine Geldstrafe. Verspürte Nier deswegen Scham? Glaubte er, sein Gesicht verloren zu haben? Das wäre zumindest naheliegend bei dem Kaufmann und Zechenbeamten auf Consol, der als »Pflichtmensch« beschrieben wurde.

Hans Asbeck † 7. Juli 1966

Der Erste Kassierer von Schalke 04 wird im Februar 1964 als Folge des Skandals um sogenannte »schwarze Kassen«, aus denen Spieler unerlaubtes Geld erhielten, wegen Steuerhinterziehung, Urkundenfälschung und Untreue verurteilt. Das Landgericht Essen brummte ihm eine Strafe von 3500 Mark auf. Asbeck nimmt sich zwei Jahre später im Alter von 45 Jahren das Leben. Nachdem er auf der Autobahn bei Duisburg-Wedau auf einen LKW auffährt, wird er mit Kopfverletzungen ins Unfallkrankenhaus Duisburg-Buchholz eingeliefert. Bereits im Januar desselben Jahres hatte Asbeck beim Überholen eines amerikanischen Militärkonvois in der Nähe von Stuttgart einen Unfall, von dem er gerade erst genesen ist.
Was niemand bemerkt: In seiner Aktentasche befindet sich eine 7,65-mm-Pistole, mit der er sich kurz nach der Einlieferung im Krankenzimmer erschießt. Asbeck hinterlässt Frau und zwei Töchter. Finanzielle Schwierigkeiten werden als Hauptgrund dafür angegeben, dass der Besitzer und Gründer der Hühnerfarm Wewelsburg im Münsterland freiwillig aus dem Leben scheidet.

Jürgen W. Möllemann † 5. Juni 2003

Das Schalker Aufsichtsratsmitglied springt auf dem Flugplatz in Marl-Loemühle in den Tod. Der 57-Jährige ist leidenschaftlicher Fallschirmspringer, und selbst wenn ein Unfall nicht völlig ausgeschlossen werden kann, geht man jedoch von einem Suizid aus. Möllemann hat seinen Hauptfallschirm in 1600 Metern Höhe abgeworfen und das Reservesystem nicht ausgelöst. Das mitgeführte elektronische Sicherheitssystem ist abgeschaltet. Möllemann war von 1989 an Mitglied des Schalker Aufsichtsrats, zeitweise auch dessen Vorsitzender, aber sein Tod hat nichts mit dem Klub zu tun. Eine Stunde vor dem Sprung ist seine Immunität als Bundestagsabgeordneter aufgehoben worden. Gegen den FDP-Politiker und ehemaligen Bundesminister aus Münster soll wegen Steuerhinterziehung und Verstoß gegen das Parteiengesetz ermittelt werden. Auslöser hierfür ist die dubiose Finanzierung eines umstrittenen Flugblatts, das er kurz vor der Bundestagswahl 2002 verteilen ließ. Möllemann hinterlässt Frau und drei Töchter.

DIE MIT DER NUMMER 1

1926 - 1930 ....August Sobotka
1930 - 1936 ....Hermann Mellage
1936 - 1942......................Hans Klodt
1942 - 1944..................Heinz Flotho
1946 - 1947 ....Hans Klodt
1947 - 1950 ......Heinz Kwiatkowski
1950 - 1953 ....Heinz Kersting
1953 - 1959........Manfred Orzessek
1959 - 1962 ....Josef Broden
1962- 1964..........Horst Mühlmann
1964 - 1965......................Gyula Toth
1965 - 1966 ....Friedel Elting
1966 - 1976 ....Norbert Nigbur
1976 - 1977 ....Enver Maric
1977- 1979 ....Volkmar Groß
1979- 1982 ....Norbert Nigbur
1982 - 1987...........Walter Junghans
1987 - 1988 .....Harald Schumacher
1988 - 1989.............Werner Vollack
1989 - 1992..............Jens Lehmann
1992 - 1993 ....Holger Gehrke
1993 - 1998...............Jens Lehmann
1998 -2002 ....Oliver Reck
2002 -2006 ....Frank Rost
Seit 2006..................Manuel Neuer

WO SCHALKE IN SCHALKE SPIELTE

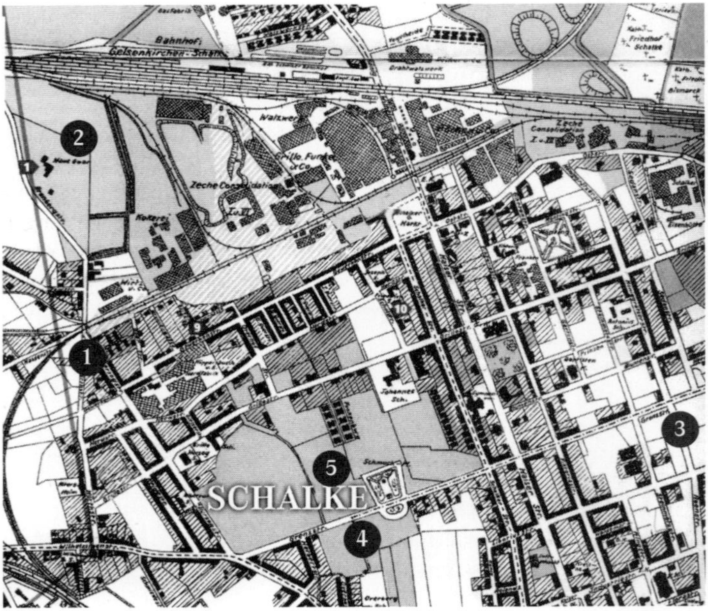

Bis 1904: GARTEN HINTER KULLMANNS HAUS IN DER HAUERGASSE 1
(heute Kraftwerk Grothus-/Ecke Gewerkenstraße)

Bis 1905: WIESE BEI HAUS GOOR 2
(heute: Baumarkt Lockhofstraße)

1905: PLATZ AN DER TAUBENSTRASSE 3
(heute: Jahnstadion in Gelsenkirchen-Heßler)

1906/07: RUBENS'SCHE WIESE 4
(heute: Berufskolleg Königstraße)

1912: PLATZ AN DER GRENZSTRASSE 5
(heute: Kreuzung Overweg-/Grenzstraße)

228 SPIELE SPERRE

Am 17. April 1971 verlor Schalke 04 sein Heimspiel gegen den abstiegsbedrohten DSC Arminia Bielefeld absichtlich mit 0:1. Wenige Tage später nahm die Mannschaft dafür von den Ostwestfalen 40.000 Mark entgegen.

Noch heute ist nicht ganz geklärt, welche Spieler davon gewusst, aktiv manipuliert oder es einfach haben geschehen lassen. 2300 Mark brachte diese Niederlage jedem Spieler ein – nur unwesentlich mehr als die eigentliche Siegprämie ausgemacht hätte. Aus Angst vor lebenslangen Sperren schworen die Spieler vor Gericht sogar einen Meineid. Klaus Fischer sprach von der »größten Dummheit meines Lebens«. Folgende Sperren mussten die auch nach dem Skandal wieder für Schalke aktiven Spieler absitzen:

Reinhard Libuda | 53 Spiele
Klaus Fischer | 44 Spiele
Jürgen Sobieray | 35 Spiele
Rolf Rüssmann | 34 Spiele
Klaus Fichtel | 32 Spiele
Herbert Lütkebohmert | 30 Spiele

TRAINERSTUHL ALS SCHLEUDERSITZ

Nur neun Trainer schafften es, sich drei Jahre oder länger am Stück bei Schalke im Amt zu halten.

Huub Stevens	5 Jahre, 265 Tage
Edi Frühwirth	5 Jahre
Hans »Bumbas« Schmidt	4 Jahre, 326 Tage
Fritz Szepan	4 Jahre, 273 Tage
Otto Faist	4 Jahre, 35 Tage
Ivica Horvat	4 Jahre*
Georg Gawliczek	3 Jahre, 300 Tage
Fritz Langner	3 Jahre, 85 Tage
Diethelm Ferner	3 Jahre*

* Ivica Horvat und Diethelm Ferner kehrten später als Trainer zurück, doch diese Amtszeit ist in der Statistik nicht erfasst.

DIE MAGISCHEN MOMENTE DES MICHAEL PRUS

Als der notorisch torungefährliche dänische Nationalspieler John Jensen 1991 sein erstes Tor für Arsenal London erzielte, wurde ein T-Shirt zum Renner, auf dem zu lesen war: I saw Jensen score (Ich war dabei, als Jensen traf). Schalkes Pendant zu Jensen heißt Michael Prus, und Anspruch auf ein Ich-war-dabei-Shirt hätten die 4261 Besucher des Wiederholungsspiels der 2. DFB-Pokal-Runde gegen Saar 05 Saarbrücken am 29. November 1988 gehabt. Prus spielte von 1986 bis 1996 für die Königsblauen, war wegen seiner soliden Spielweise bei den Anhängern geschätzt, von denen ihn nicht wenige augenzwinkernd »Magic« nannten. Doch an jenem nebligen Mittwochabend erzielte er nicht nur in der ersten Minute nach einem Alleingang (!) die Führung, nach einem weiteren Treffer in der 33. Minute winkte ihm sogar ein lupenreiner Hattrick. Doch die

»Pruuuus«

-Rufe, mit denen die Fans auf den spärlich besetzten Rängen des Parkstadions den Abwehrspieler zur Ausführung eines Elfmeters aufforderten, wurden nicht erhört: Andreas Müller verwandelte zum 3:0. So blieb es in 239 Pflichtspielen bei den beiden magischen Momenten gegen den Viertligisten – zumindest was das Toreschießen betrifft.

SCHALKER TORE DES MONATS

19-mal wählten die Zuschauer der ARD-Sportschau Schalker Treffer zum »Tor des Monats«. Besonderer Beliebtheit erfreuten sich Fallrückzieher. Sie wurden dreimal zum Tor des Jahres gewählt: sowohl die von Klaus Fischer 1975 und 1977 als auch der von Andreas Müller 1991.

Stan Libuda: 21. August 1971 gegen MSV Duisburg zum 2:0-Endstand.

Rolf Rüssmann: 18. September 1971 gegen Werder Bremen zum 1:0 (Endstand 2:0).

Klaus Scheer & Stan Libuda: 5. April 1972 gegen Borussia Mönchengladbach in der 89. Minute zum 1:0-Endstand.

Erwin Kremers: 3. November 1973 bei Eintracht Frankfurt in der 68. Minute zum 1:1 (Endstand 2:1).

Klaus Fichtel: Am 2. Februar 1974 gegen Borussia Mönchengladbach in der 79. Minute zum 2:0-Endstand.

Klaus Fischer: Am 27. September 1975 beim Karlsruher SC in der 14. Minute zum 0:2 (Endstand 2:2). Dieser Fallrückzieher wurde auch zum »Tor des Jahres 1975« gewählt.

Klaus Fischer: Am 15. Juni 1977 beim Länderspiel in Mexiko in der 54. Minute zum 1:2 (Endstand 2:2).

Klaus Fischer: Am 16. November 1977 im Länderspiel in Stuttgart gegen die Schweiz in der 59. Minute zum 4:1-Endstand. Auch zum »Tor des Jahres 1977«, »Tor des Jahrzehnts« und »Tor des Vierteljahrhunderts« gewählt.

Thomas Siewert: Am 21. Februar 1981 bei Borussia Dortmund in der 84. Minute zum 2:2-Endstand.

Michael Jakobs: Am 16. August 1986 gegen SV Waldhof Mannheim in der 17. Minute zum 2:0 (Endstand 3:1).

Carsten Marquardt: Am 28. Oktober 1988 bei Wattenscheid 09 in der 87. Minute zum 0:1-Endstand.

Andreas Müller: Am 23. November 1991 beim 1. FC Kaiserslautern in der 45. Minute zum 1:1-Endstand. Auch »Tor des Jahres 1991«.

Ingo Anderbrügge: Am 5. Juni 1993 gegen Bayern München in der 4. Minute zum 1:0 (Endstand 3:3).

Olaf Thon: Am 27. August 1996 gegen den VfL Bochum in der 2. Minute zum 1:0 (Endstand 1:1).

Jens Lehmann: Am 19. Dezember 1997 bei Borussia Dortmund in der 90. Minute zum 2:2-Endstand.

Gerald Asamoah: Am 19. Mai 2001 gegen SpVgg Unterhaching in der 45. Minute zum 2:2 (Endstand 5:3).

Niels Oude Kamphuis: Am 16. Februar 2002 bei Borussia Dortmund in der 17. Minute zum 1:0 (Endstand 1:1).

Jörg Böhme: Am 11. Mai 2002 gegen Bayer Leverkusen in der 45. Minute zum 1:1 (Endstand: 4:2).

Mike Hanke: Am 15. April 2004 gegen Bayer Leverkusen zum 2:3-Endstand.

Marcelo Bordon: Am 20. Januar 2007 zum 1:0 gegen Zenit St. Petersburg (Endstand: 2:1).

Christian Pander: Am 22. August 2007 beim Länderspiel in England in der 40. Minute zum 2:1 (Endstand: 2:1).

VON DEN ANFÄNGEN BIS ZUR GRÜNDUNG

4. Mai 1904
Sportverein Westfalia Schalke
Vereinsgründung

17. März 1912
Turnverein Schalke 1877
Westfalia schließt sich als Fußballabteilung dem Turnverein an, weil man als »wilder Klub« keine Aufnahme im Verband findet, jedoch endlich am Liga-Spielbetrieb teilnehmen möchte.

1915
Sportverein Westfalia Schalke
Neugründung während des Ersten Weltkrieges, nachdem der Turnverein den Spielbetrieb eingestellt hatte.

25. Juli 1919
Turn- und Sportverein Schalke 1877
Nach dem Krieg treten die Turner wieder auf den Plan: Fusion von Westfalia und TV 1877, der eine eigene Platzanlage besitzt.

26. Februar 1922
Sportverein Westfalia 1922
Abspaltung einer Gruppe von Mitgliedern, die von den Turnern wegmöchte und die alte Westfalia aufleben lassen will.

5. Januar 1924
Fußball-Club Schalke 04
Die Fußballabteilung trennt sich vom TuS 1877 und ist fortan selbstständig.

NACH NORDAMERIKA AUSGEWANDERT

HANS BALLMANN	ab 1923 Küster in Philadelphia
VOLKMAR GROSS	Torwart bei den San Diego Soccers
FRANZ KRAUTHAUSEN	Croupier in Los Angeles
HELMUT KREMERS	Fußballer bei den Calgary Boomers
HORST MÜHLMANN	zwischen 1969 und 1975 Kicker im American Football bei Kansas City Chiefs, Philadelphia Eagles, Cincinnati Bengals

GROSSE WORTE 6

»Schalke ist der Mount Everest. Diesen Gipfel will ich noch erklimmen.«
Andreas Möller über seinen Wechsel von Dortmund nach Schalke

EUROPAPOKAL
KANTERSIEGE UND PACKUNGEN

Die höchsten Siege

16.9.2004	Schalke 04	-	Liepajas Metalurgs	**5:1**
16.10.2001	RCD Mallorca	-	Schalke 04	**0:4**
30.9.2004	Liepajas Metalurgs	-	Schalke 04	**0:4**
3.11.1976	Schalke 04	-	Sportul Bukarest	**4:0**
3.10.2002	Schalke 04	-	FC Gomel	**4:0**

Die höchsten Niederlagen

15.4.1970	Manchester City	-	Schalke 04	**5:1**
27.8.2008	Atletico Madrid	-	Schalke 04	**4:0**
10.12.2002	Schalke 04	-	Wisla Krakau	**1:4**
4.3.1959	Atletico Madrid	-	Schalke 04	**3:0**
21.3.1973	Sparta Prag	-	Schalke 04	**3:0**

KÖNIGSBLAUE LÄUFE

»Er hat einen Lauf« - dieser Satz beschreibt den Umstand, in mehreren aufeinanderfolgenden Partien zu treffen. Folgenden Schalkern ist dies in Meisterschaftsspielen besonders gut gelungen.*

9 Spiele	Ernst Poertgen *(9.12.1936-21.2.1937)*
	Hermann Eppenhoff *(1.9.1940-15.12.1940)*
8 Spiele	Herbert Burdenski *(12.1.1947-15.3.1947)*
7 Spiele	Hermann Eppenhoff *(30.11.1941-23.3.1942)*
	Heinz Hinz *(26.1.1947-23.3.1947)*
	Rüdiger Abramczik *(25.11.1978-17.3.1979)*
6 Spiele	Ernst Poertgen *(7.4.1935-26.5.1935)*
	Ernst Kuzorra *(8.3.1936-5.5.1936)*
	Hermann Eppenhoff *(25.12.1939-5.2.1940)*
	Ernst Kalwitzki *(7.9.1941-23.11.1941)*
	Paul Winkler *(21.11.1943-30.1.1944)*
	Jürgen Wittkamp *(11.11.1967-6.1.1968)*
	Klaus Fischer *(2.3.1974-6.4.1974)*

* Gewertet wurden nur die Partien, in denen die Spieler tatsächlich eingesetzt wurden.

GRENZGÄNGER

Wenn ein Knappe das Trikot des *schwarz-gelben Nachbarn* trug, wurde er bei den folgenden Derbys sicher als »Judas« beschimpft. Kam ein Spieler vom BVB nach Schalke, wurde er höchst kritisch beäugt. Dass dies auch leistungsfördernd sein kann, bewies Andreas Möller. Das für viele Schalker erklärte Feindbild steuerte nach seinem Wechsel 2000 mit Torvorlagen und eigenen Treffern seinen Teil zu zwei DFB-Pokalsiegen bei. Das »andere« Trikot überstreifen und zurückkommen, das durften nur zwei legendäre Rechtsaußen: Stan Libuda und Rüdiger Abramczik.

→

Vom S04 direkt zum BVB
Uli Bittcher *(S04:75-83; BVB: 83-87)*
Norbert Dörmann *(S04: 76-79; BVB: 79-81)*
Steffen Freund *(S04: 91-93; BVB: 93-99)*
Gerhard Kleppinger *(S04: 84-87; BVB: 87-88)*
Rolf Rüssmann *(S04: 69-80; BVB: 80-85)*

→

Vom BVB direkt zum S04
Ingo Anderbrügge *(BVB: 85-88; S04: 88-00)*
Marco Kurz *(BVB: 94-95; S04: 95-98)*
Andreas Möller *(BVB: 87-90 u. 94-00; S04: 00-03)*
Franz Podgorski *(BVB: -48; S04: 48-49)*

→→

Erst BVB, später S04
Mathias Abel *(BVB: 00-02, S04: 05-08)*
Rudi Assauer *(BVB: 64-70 als Spieler; S04: 81-86 u. 93-06 als Manager)*
Siegfried Böninghausen *(S04: 71-74; BVB: 80-83)*
Theo Bücker *(BVB: 69-72; S04: 81-83)*
Horst Franz *(BVB: 83-84; S04: 88, jeweils als Trainer)*
Christofer Heimeroth *(BVB: 96-97; S04: 99-06)*
Siegfried Held *(BVB: 65-71; 77-79 als Spieler; S04: 81-83 als Trainer)*
Udo Lattek *(BVB: 79-81, 2000; S04: 92-93, jeweils als Trainer)*
Werner Lorant *(BVB: 71-72, S04: 82-83)*
Manfred Ritschel *(BVB: 70-72; S04: 77-78)*

Erst S04, später BVB

Siegfried Bönighausen *(S04: 67-74; BVB: 80-83)*
Herbert Burdenski *(S04: 39-49 als Spieler; BVB: 72 als Trainer)*
Hermann Eppenhoff *(S04: 38-56 als Spieler; BVB: 61-65 als Trainer)*
Peter Endrulat *(S04: 74-75; BVB: 77-78)*
Paul Holz *(S04: 71-74; BVB: 79-81)*
Gerd Kasperski *(S04: 68-69; BVB: 75-77)*
Jens Lehmann *(S04: 88-98; BVB: 99-04)*
Uli Maslo *(S04: 77-78; BVB: 83, jeweils als Trainer)*
Christoph Metzelder *(S04: 95-96; BVB: 00-07)*
Harald Schumacher *(S04: 87-88; BVB: 95-96)*
Jürgen Sobieray *(S04: 69-79; BVB: 80-82)*
Hans-Joachim Wagner *(S04: -73; BVB: 76-83)*

Vom S04 zum BVB und zurück

Rüdiger Abramczik *(S04: 73-80 u. 87-88; BVB: 80-83)*
Stan Libuda *(S04: 52-65 u. 68-74; BVB: 65-68)*

Vom BVB zum S04 und zurück

Herbert Sandmann *(BVB: -49 u. 51-60; S04: 49-51)*
Jürgen Wegmann *(BVB: 83-86 u. 89-93; S04: 86-87)*

DIE EHRENVORSITZENDEN

FRITZ UNKEL | 1939
HEINRICH PIENECK | 1955
DR. HANS-GEORG KÖNIG | 1973
ERNST KUZORRA | 1978
GERHARD REHBERG | 2007
Die Ehrung wurde jeweils auf Beschluss der Mitgliederversammlung vergeben.

SCHALKER BEI DER WM

Jahr	Land	Spieler	Einsätze
1934	in Italien	FRITZ SZEPAN	4 Spiele
1938	in Frankreich	FRITZ SZEPAN	1 Spiel
		RUDOLF GELLESCH	1 Spiel
1954	in der Schweiz	BERNI KLODT	2 Spiele, 1 Tor
1958	in Schweden	BERNI KLODT	2 Spiele
1962	in Chile	WILLI KOSLOWSKI	1 Spiel
		HANS NOWAK	4 Spiele
		WILLI SCHULZ	4 Spiele
1970	in Mexiko	KLAUS FICHTEL	5 Spiele
		STAN LIBUDA	5 Spiele, 1 Tor
1974	in Deutschland	HELMUT KREMERS	ohne Einsatz
		NORBERT NIGBUR	ohne Einsatz
1978	in Argentinien	RÜDIGER ABRAMCZIK	3 Spiele, 1 Tor
		KLAUS FISCHER	5 Spiele
		ROLF RÜSSMANN	6 Spiele
		WIM SUURBIER	4 Spiele
1986	in Mexiko	OLAF THON	ohne Einsatz
1990	in Italien	ALEXANDR BORODJUK	1 Spiel
		VLADIMIR LJUTY	1 Spiel
1998	in Frankreich	JENS LEHMANN	ohne Einsatz
		OLAF THON	3 Spiele
		MARC WILMOTS	3 Spiele, 2 Tore
2002	in Südkorea/Japan	GERALD ASAMOAH	3 Spiele
		JÖRG BÖHME	ohne Einsatz
		MARC WILMOTS	4 Spiele, 3 Tore
		NICO VAN KERCKHOVEN	ohne Einsatz
		EBBE SAND	4 Spiele
2006	in Deutschland	GERALD ASAMOAH	1 Spiel
		MLADEN KRSTAJIC	3 Spiele

GROSSE WORTE 7

»Bei Ihrem Verdienst können Sie sich ein Motorrad nehmen. Dann brauchen Sie nicht so viel zu rennen!«

Max Merkel über den Wunsch von Helmut Kremers nach einer individuellen Laufeinheit

ZWEISTELLIG VOR DER OBERLIGA

Oft genug grausam war für die Gegner die Überlegenheit der Schalker Mannschaft in den Jahren der Gauliga Westfalen zwischen 1933 und 1944, gleich 13 zweistellige Siege fallen in diese Zeit. Den VfL Bochum bzw. dessen Vorgänger TuS erwischte es sogar dreimal. Jeweils einen zweistelligen Sieg gab es 1946 und 1947 in den Zeiten der Nachkriegslandesliga.

26.1.1936	FC Schalke 04	TuS Bochum	10:0
16.2.1936	FC Schalke 04	Union Recklinghausen	15:1
24.1.1937	FC Schalke 04	SV Erle 08	12:1
17.10.1937	FC Schalke 04	SV Rotthausen	11:0
25.2.1940	VfL Bochum	FC Schalke 04	2:10
31.3.1940	FC Schalke 04	Westfalia Herne	14:0
20.10.1940	FC Schalke 04	Borussia Dortmund	10:0
18.1.1942	FC Schalke 04	Arminia Bielefeld	11:1
19.4.1942	FC Schalke 04	SpVgg Herten	12:0
22.11.1942	Arminia Marten	FC Schalke 04	0:10
14.2.1943	FC Schalke 04	VfL Bochum	10:0
24.9.1944	SC Hassel	FC Schalke 04	1:16
1.10.1944	FC Schalke 04	SpVgg Erkenschwick	12:0
4.8.1946	FC Schalke 04	Wattenscheid 09	12:0
23.2.1947	SpVgg Herten	FC Schalke 04	0:20

CO-TRAINER ALS CHEFS

Folgende Assistenten vertraten den jeweiligen Chef-Trainer bei Bundesligaspielen.

GÜNTER DIEGEL am 9.6.1968 für Rudi Gutendorf
Eintracht Frankfurt - Schalke 04 (1:0)

HUBERT NEU am 13.10.1995 und 20.10.1995 für Jörg Berger
Schalke 04 - 1. FC Kaiserslautern (1:1), Bayer Leverkusen - Schalke 04 (0:0)

HOLGER GEHRKE am 23.2.2002 für Huub Stevens
Schalke 04 - SC Freiburg (3:0)

DER ZWÖLFTE WELTMEISTER

Das Glück von Helmut Rahn bei der Weltmeisterschaft 1954 in der Schweiz war die Tragik von Bernhard Klodt. In beiden Vorrundenspielen gegen die Türkei war der Schalker Rechtsaußen zum Einsatz gekommen, hatte vor allem beim ersten Einsatz überzeugt, als er in einer kritischen Spielphase mit seinem Tor zum 2:1 den Weg zum 4:1-Sieg ebnete. Ab dem Viertelfinale setzte Bundestrainer Sepp Herberger jedoch auf Rahn – und lag damit keineswegs falsch. Der »Boss«, der nach dem Ende seiner Karriere häufiger auf Schalke Spiele anschaute als im Essener Georg-Melches-Stadion, schoss die entscheidenden Tore zum 3:2-Endspielsieg gegen Ungarn. Nach dem Finale im Berner Wankdorfstadion nahm Herberger Klodt zur Seite und schenkte ihm seine WM-Medaille, die nur die elf aktiven Spieler sowie der Trainer erhalten hatten. Dabei sagte er zu ihm: »Berni, du bist mein zwölfter Weltmeister.«

DIE VERKEHRSBLAUEN

Als »die Königsblauen« werden die Spieler des FC Schalke 04 häufig bezeichnet und besungen. Doch genau genommen müsste man sie »die Verkehrsblauen« nennen. Denn so heißt die offizielle Bezeichnung für das Blau in den Schalker Vereinsfarben. Ansonsten wird es in der Produktion durch Zahlen- und Buchstabenkombinationen von anderen Farbtönen unterschieden. Um den gewünschten Farbton herzustellen, stehen verschiedene Farbsysteme oder Farbkataloge zur Verfügung. Hier die Bezeichnungen für die Vereinsfarbe:

Pantone 286: Im bei Druckerzeugnissen meistverwendeten internationalen Farbsystem
RAL 5017 »Verkehrsblau«: In dem Farbsystem, das besonders in der technischen Produktion (z. B. bei Lackierungen und Folien) Anwendung findet
HKS 43: Im vor allem in Deutschland für Druckfarben verwendeten Farbsystem
Euroskala (CMYK), C 100 - M 60 - Y 0 - K 6: Wird dann benutzt, wenn kein Echtfarbendruck möglich ist: Mischfarbe (z. B. für den Zeitungsdruck) aus den vier Grundfarben Cyan (Grünblau), Magenta (Rotviolett), Yellow (Gelb) und Key (Schwarz)

EIN GANZ ANDERER KLUB

»Schalke 05«

Der Versprecher von ZDF-Sportstudio-Moderatorin Carmen Thomas liefert 1975 all jenen Munition, die nach Beweisen suchen, dass Frauen als Sportjournalisten ungeeignet seien.

»Schalten wir rüber zum SV Schalke«

ZDF-Sportstudio-Moderator Wolf-Dieter Poschmann zeigt sich rund zwei Jahrzehnte später solidarisch.

»Schalke 07«

Patrick Wasserziehr in Premiere

SCHALKE MOBIL 1971

Gefährt	Farbe	Fahrer
Mercedes 200	weiß	Stan Libuda
Porsche 911	gelb	Erwin und Helmut Kremers (teilten sich das Auto!)
BMW 2002 ti	maisgelb	Klaus Fischer, Rolf Rüssmann, Klaus Scheer, Herbert Lütkebohmert
BMW 2000 CS	grün	Klaus Fichtel
Ford Capri 2600	grün	Norbert Nigbur, Jürgen Sobieray
VW Porsche	blau	Hartmut Huhse
BMW 2000 CS	weiß	Klaus Beverungen
Ford Capri 1900	gelb	Helmut Manns
Opel Rekord 1900	silber	Heinz van Haaren
BMW 1600	blau	Helmut Pabst
Fiat 1500	grün	Nico Braun
Ford 17 M	weiß	Norbert Heßling
Ford 15 M Escort	blau	Paul Holz
Opel Kadett	weiß	Ulrich van den Berg

Fahrrad .... Trainer Ivica Horvat
Fußgänger .... Rainer Hoffmann

DIE GESCHICHTE DES VEREINSLIEDS

Das Schalker Vereinslied ist die berühmteste Hymne eines deutschen Fußballvereins. Die Melodie stammt vom traditionellen Mailied »Grün ist Wald und Flur«*, für Schalke umgetextet wurde es 1924, als der FC Schalke 04 sich endgültig von den Turnern trennte. Das Lied zählte neben dem neuen Vereinsnamen und den Vereinsfarben zu den Insignien des Clubs. Wer die ursprüngliche Fassung von »Blau und Weiß« geschrieben hat, ist nicht bekannt. Die erste überlieferte Version wurde im »Kicker« vom 18. Juni 1935 vor dem Meisterschaftsfinale gegen den VfB Stuttgart abgedruckt.

Blau und Weiss, wie lieb ich dich – 1935

Blau und weiß, wie lieb ich dich
Blau und weiß verlass mich nicht
Blau und weiß ist der Himmel nur
Blau und weiß ist unsre Fußballgarnitur

Hätten wir ein Königreich
Wollten wir befehl'n sogleich
Alle Mädel so jung und schön
Alle müssten blau und weiß gekleidet gehen

Unsre Spieler Hand in Hand
Hatten heut nen schweren Stand
Sollten sie dennoch siegen im Schweiß
Halten sie noch höher in Ehr'n das Blau und Weiß

Nur durch Einigkeit hab'n wir's vollbracht
Dass wir hab'n die Deutsche Meisterschaft
Und in dieser Serie, wenn wir leben woll'n
Müssen wir ja wieder die Deutsche Meisterschaft hol'n

Darum höret unser letztes Wort
Halt't zusammen und geht nicht fort
Mag der ganze Platz wohl unter Wasser stehn
Der FCS 04, der darf nicht untergehn

Die heutige Version stammt von 1959 und entstand in der Kölner Kneipe »Hodeige« in der Vorgebirgsstraße. Dort saß der Verfasser Hans J. König, ein leidenschaftlicher Schalke-Fan, mit Freunden zusammen, sie erneuerten alte Strophen und dichteten neue. 1963 sicherte sich Berufsmusiker König, der in der »Conti-Combo« spielte, die Rechte an seinem Text.

Blau und Weiss, wie lieb ich dich – 1959

Blau und Weiß, wie lieb ich Dich
Blau und Weiß, verlass mich nicht
Blau und Weiß ist ja der Himmel nur
Blau und Weiß ist unsere Fußballgarnitur

Hätten wir ein Königreich
Machten wir es den Schalkern gleich
Alle Mädchen, die so jung und schön
Müssten alle Blau und Weiß spazieren gehn

Mohammed war ein Prophet
Der vom Fußballspielen nichts versteht
Doch aus all der schönen Farbenpracht
Hat er sich das Blau und Weiße ausgedacht

Tausend Feuer in der Nacht
Haben uns das große Glück gebracht
Tausend Freunde, die zusammenstehn
Dann wird der FC Schalke niemals untergehn.

*Grün ist Wald und Flur (auch: Grün ach Grün)

Grün ach Grün wie lieb ich dich
süße Hoffnung, ein Trost für mich
Grün ach Grün ist Wald und Flur
Grün ist auch das Festkleid der Natur.

Hätte ich ein Königreich
wollt ich's machen der Natur so gleich,
alle Mädchen so jung und schön
müssen alle Grün gekleidet gehn.

Mohammed war ein Prophet
dieser liebt ein Blumenbeet
und vor aller Farbenpracht,
hat er sich das holde Grün wohl auserdacht.

DEUTSCHE MEISTERSCHAFT 1937

20. Juni 1937, Berlin, Olympiastadion
101.000 Zuschauer

Totale Schalker Dominanz im niederlagenlosen Jahr 1937. Obwohl Ötte Tibulsky nach einer Kopfverletzung in der 15. Minute auf Rechtsaußen »geparkt« wurde (es durfte noch nicht ausgewechselt werden), beherrschten die Knappen das Spiel bei sintflutartigen Regenfällen gegen einen mit der Verteidigung der Nationalelf angetretenen Klub.

FC SCHALKE 04 – 1. FC NÜRNBERG 2:0 (1:0)

SCHALKE
Trainer: Hans Schmidt

Hans Klodt

Hans Bornemann Otto Schweisfurth

Rudi Gellesch Otto Tibulsky Walter Berg

Ernst Kalwitzki Fritz Szepan Ernst Poertgen Ernst Kuzorra* Adolf Urban

Julius Uebelein Sepp Schmitt* Georg Friedel Max Eiberger Karl Gußner

Richard Oehm Heinz Carolin Hans Uebelein

Andreas Munkert Willi Billmann

Georg Köhl

NÜRNBERG
Trainer: Dr. Richard Michalke

* Mannschaftskapitän

TORE: 1:0 Poertgen (26.), 2:0 Kalwitzki (81.)
SCHIEDSRICHTER: Alfred Birlem (Berlin)

FUSSBALLER DES JAHRES

JIRI NEMEC 1997 in Tschechien

EBBE SAND 2001 in Dänemark

LEVAN KOBIASHVILI 2005 in Georgien

CHRISTIAN POULSEN 2005 in Dänemark

Dazu kommen noch einige ehrenvolle Platzierungen auf dem Treppchen. Klaus Fischer wird 1977 bei Deutschlands Wahl zum Fußballer des Jahres mit 118 Punkten knapp Zweiter hinter Sepp Maier (122) und Sechster bei der Wahl zu Europas Fußballer des Jahres hinter Allan Simonsen, Kevin Keegan, Michel Platini, Roberto Bettega und Johan Cruyff. Olaf Thon wird 1997 mit 90 Punkten Dritter bei der Wahl zum Fußballer des Jahres. Ebbe Sand wird bei der Wahl zum Fußballer des Jahres 2001 Zweiter hinter Oliver Kahn. Gerald Asamoah als Dritter und Jörg Böhme als Sechster vervollständigen das gute Schalker Gesamtergebnis.

YYYYVES' LÄNDERSPIEL

Schalkes erstaunlichster Fast-Nationalspieler war **YVES EIGENRAUCH.** Nachdem er im Viertelfinale des UEFA-Cups desselben Jahres den damaligen Superstar Ronaldo zum Statisten degradiert hatte, lud ihn Berti Vogts wenige Tage später zum Länderspiel am 25. März 1998 gegen Brasilien in Stuttgart ein. Eigenrauch, den man auf Schalke nur »Yyyyves« rief, war 1991 von Trainer Aleks Ristic mit den Worten »motiviert« worden: »Junge, wärst du lieber Koch geworden. Hör bloß auf mit Fußball.« Damals war Yves 19 und alles andere als ein Techniker am Ball. Er machte viele Stockfehler, hatte einen hektischen Laufstil, aber biss sich in jedes Spiel, in jeden Gegner und in jeden Zweikampf. Außerdem war er schnell und spielte selten Foul, um an den Ball zu kommen. Eingesetzt wurde er im Länderspiel gegen Brasilien dennoch nicht. Man sah Yves Eigenrauch auf der Reservebank an, dass er ungläubig staunte, wo er sich denn gerade befand. Deutschland unterlag 1:2, das Siegtor für Brasilien erzielte kurz vor Schluss übrigens ein gewisser Ronaldo.

DIE MEISTEN TORE IN EINER SAISON

42 Tore
Hermann Eppenhoff (1940/41)

37 Tore
Ernst Kuzorra (1935/36)
Ernst Poertgen (1936/37)

34 Tore
Klaus Fischer (1976/77)

33 Tore
Hermann Eppenhoff (1939/40)

32 Tore
Klaus Fischer (1975/76*)

31 Tore
Hermann Nattkämper (1933/34)

29 Tore
Klaus Fischer (1971/72)

28 Tore
Adolf Urban (1935/36)
Ernst Kalwitzki (1936/37)

27 Tore
Ernst Kalwitzki (1935/36)
Herbert Burdenski (1946/47)
Klaus Fischer (1977/78)

26 Tore
Ernst Kuzorra (1937/38)
Ebbe Sand (2000/01*)

Gewertet wurden alle Schalker Pflichtspiele *Torschützenkönig der Bundesliga

TITEL AUS DEM TALENTSCHUPPEN

DEUTSCHER A-JUGEND-MEISTER:

1976 (5:1 gegen Rot-Weiss Essen)
2006 (2:1 gegen Bayern München)

DEUTSCHER A-JUNIOREN-POKALSIEGER:

2002 (1:1 und 5:4 i.E. gegen den VfB Stuttgart)
2005 (3:1 gegen Tennis Borussia Berlin)

DEUTSCHER B-JUGEND-MEISTER:

1978 (6:0 gegen Hertha Zehlendorf)
2002 (3:1 n.V. gegen den VfB Stuttgart)

IN FALSCHEN TRIKOTS

27.11.1976 bei Hertha BSC

Mannschaftsbetreuer Charly Neumann glaubt sich auf der sicheren Seite. Bei einem Anruf auf der Geschäftsstelle von Hertha BSC bejaht man ihm die Frage, ob die Knappen in Berlin in blauen Trikots auflaufen können. Vor Ort wollen die Gastgeber davon nichts mehr wissen und die Hertha ihre roten Auswärtstrikots nicht benutzen. Weil die Heimmannschaft die erste Wahl bei den Trikotfarben hat, müssen die Schalker Gäste zähneknirschend die roten Hemden der Berliner tragen und verlieren zu allem Überfluss auch noch umstritten mit 1:2.

18.4.1998 beim Karlsruher SC

Schiedsrichter Herbert Fandel kann die blauen Schalker Trikots nicht von den weißen Karlsruher Trikots mit drei blauen Streifen auf der Brust unterscheiden. Weil sich der KSC weigert, in seinen gelben Auswärtstrikots zu spielen, müssen die Knappen die wenig geliebte Farbe überstreifen. Diesmal erreicht man zumindest ein 0:0.

Finalrückspiel UEFA-Pokal
21. Mai 1997, Mailand, 20.30 Uhr Giuseppe-Meazza-Stadion
81.675 Zuschauer

FC Inter Mailand – FC Schalke 04 1:0 n.V. (1:0; 0:0) – 1:4 i.E.

Schalke
Trainer: Huub Stevens

Jens Lehmann

Johan de Kock   Olaf Thon*   Thomas Linke

Radoslav Latal (111. Oliver Held)   Andreas Müller (98. Ingo Anderbrügge)   Yves Eigenrauch   Michael Büskens

Jiri Nemec

Marc Wilmots

Martin Max

Ivan Zamorano   Maurizio Ganz

Youri Djorkaeff

Ciriaco Sforza (82. Aron Winter)   Paul Ince   Javier Zanetti (120. Nicola Berti)

Alessandro Pistone   Salvatore Fresi   Massimo Paganin   Giuseppe Bergomi* (72. Jocelyn Angloma)

Gianluca Pagliuca

Mailand
Trainer: Roy Hodgson

* Mannschaftskapitän

Tor: 1:0 Zamorano (85.)
Elfmeterschiessen: Anderbrügge 0:1, Lehmann hält gegen Zamorano, Thon 0:2, Djorkaeff 1:2, Max 1:3, Winter verschießt, Wilmots 1:4
Schiedsrichter: José Garcia Aranda (Spanien)

SVEN-SCHAEFFNER-TREPPE

Eine unscheinbare Betontreppe führt vom Parkplatz P 2 auf den Vorplatz der Arena. Doch anders als alle anderen Treppen in und um das Stadion hat sie einen Namen: Sven-Schaeffner-Treppe. Ein kleines Schild auf einer der unteren Stufen erinnert an den Namensgeber: »Diese Treppe wurde auf Wunsch von Sven Schaeffner UEFA/TEAM anlässlich des Champions-League-Finales errichtet.« Schaeffner war 2004 bei der Agentur TEAM beschäftigt, die für die UEFA das Drumherum der Champions League organisierte. Er meinte, aus Gründen der Zuschauerführung müsse an diese Stelle eine Treppe. Die Schalker fanden das nicht, auch weil die Treppe 10.000 Euro kosten sollte. Doch Schaeffner, der inzwischen bei der FIFA tätig ist, ließ nicht locker, führte einen sympathischen, heldenhaften Kampf für die Treppe und gewann. Die Treppe wurde mit einer improvisierten Einweihungsparty eröffnet.

DIE HÖCHSTEN NIEDERLAGEN IN DER BUNDESLIGA

HEIMSPIELE	**0:6**	gegen den VfL Bochum (9.5.1981)
	1:6	gegen Werder Bremen (5.3.1966)
	2:6	gegen Borussia Dortmund (26.9.1964)
	0:4	gegen VfB Stuttgart (26.4.1980)
	0:4	gegen Fortuna Düsseldorf (7.3.1981)
AUSWÄRTSSPIELE	**0:11**	bei Borussia Mönchengladbach (7.1.1967)
	0:8	beim 1. FC Köln (8.11.1969)
	1:8	bei Bayern München (9.4.1988)
	0:7	bei Borussia Dortmund (26.2.1966)
	0:7	beim 1. FC Köln (9.9.1967)
	0:7	bei Borussia Mönchengladbach (23.10.1971)
	1:7	beim TSV München 1860 (18.4.1964)
	1:7	bei Bayern München (24.9.1977)
	1:7	beim Hamburger SV (25.10.1980)

INTERESSANTE EHRUNGEN

1969 Fritz-Walter-Pokal für den mannschaftsdienlichsten Spieler der Bundesliga: Klaus Fichtel

1972 Gefürchtetster Vorstopper der Bundesliga: Rolf Rüssmann

1975 Fairste Mannschaft der Saison 1974/75: Schalke 04

1977 »Mann des Jahres«, von Bundesligaspielern gewählt: Klaus Fischer

1979 Fairste Mannschaft der Saison 1978/79: Schalke 04 (24 Gelbe Karten)

1986 Umfrage des Magazins »Stern« nach dem »größten Klopper der Bundesliga«: Klaus Täuber

1998 »Profi des Jahres« der Vereinigung der Vertragsfußballer: Olaf Thon
Sieger der internationalen Nachwuchsrunde European Talent Tournament: Schalke 04 (3:2 im Finale gegen SC Charleroi)

2001 Bester belgischer Fußballer im Ausland: Emile Mpenza

2002 Bester belgischer Fußballer im Ausland und belgische Verdiensttrophäe als bester Sportler des Landes: Marc Wilmots

2003 »Cord-Mann des Jahres«: Rudi Assauer

2005 S04-Catering erhält den »Hamburger Foodservice-Preis« für das Catering in der Veltins-Arena. Begründung: »ausgeklügelte Kapazitäten, wegweisende Technik und überragende Abschöpfungsquote: ein Spitzen-Betrieb«.

2008 Medienpreis »Goldener Kompass« des Christlichen Medienverbundes KEP e.V. an Marcelo Bordon, Kevin Kuranyi, Rafinha, Josef Schnusenberg und Andreas Müller für das Buch »Mit Gott auf Schalke«.

2008 »Dienstleistungspreis 2008« des Kundendienst-Verbandes Deutschland (KVD) an Schalke 04 und die Veltins-Arena für »optimalen Service« und »herausragende Arbeit als Allround-Dienstleister«.

GROSSE WORTE 8

»Wenn du gehst, hauen wir dir die Knochen kaputt!«

Ein Mannschaftskamerad zu Ernst Kuzorra,
als er 1927 von einem Angebot von Dortmund 95 berichtete

KONZERTE AUF SCHALKE

Im Parkstadion

Marius Müller-Westernhagen | *1990*
Rolling Stones | *16.8.1990*
Genesis | *4.7.1992*
Michael Jackson | *6.9.1992*
Pink Floyd | *23.8.1994*
Wolfgang Petry | *5.7.1998*

Veltins-Arena

Pur | *24./25.8.2001*
Bruce Springsteen | *22.5.2003*
Bon Jovi | *30.5.2003*
Herbert Grönemeyer | *15./16.5.2003*
Robbie Williams | *13./14.7.2003*
Metallica | *10.6.2004*
Pur | *2.-4.9.2004*
U2 | *12.6.2005*
Herbert Grönemeyer | *9./10.6.2007*
Pur | *8.9.2007*
Bon Jovi | *22.5.2008*

HALLENFUSSBALL

Am 18. Februar 1934 tritt erstmals eine Schalker Mannschaft zum Hallenfußball an. In der Besetzung Mellage, Zajons, Kuzorra, Gellesch, Kalwitzki, Tibulsky besiegt sie eine Dortmunder Auswahl in der Westfalenhalle mit 1:0. Kuzorra gelingt das Tor des Tages. Als der Hallenfußball in Turnierform in den 70er-Jahren salonfähig wird, sind die Königsblauen jedoch meist nur Kanonenfutter. Eine Ausnahme bildet die Saison 1986/87. Unter »Hallenfuchs« Rolf Schafstall feiert man vier Turniersiege. Beim zwischenzeitlich ausgespielten DFB-Hallenmasters erreichen die Königsblauen 1998 das Endspiel, unterliegen jedoch Hansa Rostock mit 3:4. Folgende Hallenturniere konnten die Schalker zwischen 1973 und 1998 gewinnen:

Dortmund 1973 | **Münster** 1986, 1987 | **Essen** 1987 | **Krefeld** 1987
Schwerin 1994 | **Stuttgart** 1997 | **Oberhausen** 1998

GRUBENFAHRTEN

Eine nun schon seit fast drei Jahrzehnten gepflegte Tradition sind die Grubenfahrten der Schalker Profis, bei denen sie vor Ort erfahren, wie hart die Arbeit der Kumpel unter Tage ist.

1980 in die Zeche Nordstern in Gelsenkirchen
1993 ins Bergwerk Westerholt
1997 ins Bergwerk Westerholt
2000 ins Bergwerk Auguste Victoria in Haltern-Lippramsdorf
2006 ins Bergwerk Westerholt

KÖNIGSBLAUE SCHLAGERSTARS

Erwin und Helmut Kremers
»Das Mädchen meiner Träume« (1974) *

Erwin und Helmut Kremers
»Tanz nur mit mir, schönes Mädchen« (1974)

Norbert Nigbur
»Wenn Schalke 04 nicht wär (Wär das Parkstadion immer leer)« (1975)

Hans Pirkner
»Tuat's net schimpfn über mi« (1976)

Norbert Nigbur
»44 Beine« (1979)

Gerald Asamoah
»He is king« (2002)

* erreichte Platz 44 der deutschen Verkaufshitparade

GAULIGA-REKORDE

Die meisten Spiele:

1.	Ernst Kuzorra	163
2.	Fritz Szepan	154
3.	Ernst Kalwitzki	143
	Otto Tibulsky	143
5.	Otto Schweisfurth	117

Die meisten Tore:

1.	Ernst Kuzorra	147
2.	Fritz Szepan	118
3.	Ernst Kalwitzki	113
4.	Hermann Eppenhoff	88
5.	Adolf Urban	79

CLUBSPIELE AUF SCHALKE OHNE SCHALKE

GLÜCKAUF-KAMPFBAHN

22.5.1955 Endrunde um die Deutsche Meisterschaft
SV Sodingen – 1. FC Kaiserslautern (2:2), 60.000 Zuschauer

13.9.1961 DFB-Pokal-Finale
Werder Bremen – 1. FC Kaiserslautern (2:0), 18.000 Zuschauer

PARKSTADION

28.9.1974 Bundesliga, 6. Spieltag
Rot-Weiss Essen – Borussia Mönchengladbach (1:3) 18.000 Zuschauer

13.5.1977 Bundesliga, 33. Spieltag
Borussia Dortmund – 1. FC Köln (1:2), 25.000 Zuschauer

15.4.1978 DFB-Pokal-Finale
1. FC Köln – Fortuna Düsseldorf (2:0), 70.000 Zuschauer

4.6.1980 DFB-Pokal-Finale
Fortuna Düsseldorf – 1. FC Köln (2:1), 56.000 Zuschauer

29.6.1991 Entscheidungsspiel Bundesliga-Relegation
FC St. Pauli – Stuttgarter Kickers (1:3), 17.000 Zuschauer

10.3.1999 DFB-Pokal-Halbfinale
Rot-Weiß Oberhausen – Bayern München (1:3) 47.300 Zuschauer

VELTINS-ARENA

9.12.2003 Champions League, Gruppenphase
Besiktas Istanbul – FC Chelsea (0:2), 52.000 Zuschauer

26.5.2004 Champions League, Finale
FC Porto – AS Monaco (3:0), 53.053 Zuschauer

KOSTEN DER SCHALKER STADIEN

Kampfbahn Glückauf

Gesamtkosten: **200.000 Reichsmark**

Bauherr: FC Schalke 04 e.V.

Grundstück: Kostenlose Überlassung durch die Mannesmann-Röhrenwerke, Abteilung Bergwerke

Eigenmittel des Vereins

Bausteinverkauf

Später, als Geldsorgen aufkamen: Kredite und Wechsel durch die Stadt Gelsenkirchen

Geplante Kosten: *120.000 RM*

Parkstadion Gelsenkirchen

Gesamtkosten: **55.976.500 DM**

Bauherr: Stadt Gelsenkirchen

Bankdarlehen:	23.900.000 DM
Eigenmittel Stadt Gelsenkirchen:	9.700.000 DM
NRW:	10.000.000 DM
Bund:	9.500.000 DM
Zuschuss aus der Lotterie Glücksspirale:	2.785.000 DM
Geplante Kosten:	*23.000.000 DM*

Arena Auf Schalke/Veltins-Arena

Gesamtkosten: **190.700.000 €**

Bauherr: FC Schalke 04 Stadion-Beteiligungsgesellschaft mbH & Co. Immobilienverwaltungs-KG

Kredit des Bankenkonsortiums:	122.500.000 €
Einlage der Kommanditisten:	40.000.000 €
Stille Beteiligung der Stadt Gelsenkirchen:	10.000.000 €
Darlehen des Bauunternehmens hbm:	6.400.000 €
Leasingkosten Videowürfel und 585 TV-Monitore:	3.579.000 €
Darlehen FC Schalke 04:	3.450.000 €
Energieversorgungsunternehmen ELE für Bau der Energienzentrale:	1.700.000 €
Bausteinverkauf »1000-Freunde-Mauer«:	1.650.000 €
Leasingkosten Beschallungsanlage:	1.437.000 €
Geplante Kosten:	*183.000.000 €*

HÖCHSTE SIEGE IN DER BUNDESLIGA

Heimspiele	**6:1**	gegen Kickers Offenbach (4.10.1972)
	6:1	gegen Fortuna Köln (2.3.1974)
	6:1	gegen Borussia Dortmund (10.12.1985)
	5:0	gegen Hannover 96 (22.1.1972)
	5:0	gegen MSV Duisburg (1.2.1975)
	5:0	gegen Arminia Bielefeld (7.5.1983)
	5:0	gegen den 1. FC Kaiserslautern (22.8.1987)
	5:0	gegen Hansa Rostock (12.10.1991)
	5:0	gegen Energie Cottbus (15.4.2008)
Auswärtsspiele	**7:0**	bei Bayern München (9.10.1976)
	7:1	beim Karlsruher SC (9.4.1977)
	6:1	bei Borussia Mönchengladbach (6.1.1968)
	5:1	bei Borussia Neunkirchen (25.11.1967)
	5:1	bei Hannover 96 (14.8.1971)
	4:0	beim 1. FC Nürnberg (28.1.1967)
	4:0	bei Hansa Rostock (20.8.2000)
	4:0	bei Borussia Dortmund (23.9.2000)
	4:0	bei Hertha BSC (18.11.2000)

DIE 10 AM WEITESTEN ENTFERNTEN AUSWÄRTSSPIELE

Ort	Kilometer	Jahr
Teneriffa	3816	1997
Trabzon	3602	1996
Athen	2755	2001
Donezk	2602	2005
Istanbul	2525	2005
Sevilla	2385	2006
Palermo	2382	2006
Lissabon	2316	(gegen Porto) 1976
Porto	2181	2008
Braga	2146	1997

In Pflichtspielen geht es nicht viel weiter als nach Teneriffa, außer Wladiwostok würde sich für den Europacup qualifizieren (8.250 km).

VERPASSTE STARS

Ende des Jahres 1952 reiste Schalkes Trainer Fritz Szepan nach Großbritannien. Ziel seiner Mission war es, den deutschen Torhüter Bernd Trautmann, der in England vom Kriegsgefangenen zu einem der besten Keeper des Landes aufgestiegen war, von Manchester City zu den Königsblauen zu lotsen. Trautmanns Zusage für einen Wechsel lag bereits vor, doch Manchester City verlangte eine Ablösesumme von 20.000 Pfund. Das entsprach nach damaligem Kurs gut 200.000 Mark und war für jene Zeit ein enormer Betrag. So nahmen die Schalker schweren Herzens Abstand. Aber auch andere Transfers, die in den folgenden Jahrzehnten nicht zustande kamen, hätten dem Club möglicherweise nicht geschadet.

Helmut Rahn (1951)
Bernd Trautmann (1952)
Jupp Heynckes (1969)
Günter Netzer (1974)
Kenny Dalglish (1975)
Francesco Marinho (1975)
Rudi Völler (1983)
Roland Wohlfarth (1984)
Frank Stapleton (1988)
Norbert Dickel (1988)
Bernd Schuster (1990)
Karl-Heinz Förster (1990)
Roger Milla (1991)
Ali Daei (1994*)
Abdullah Ercan (1997)
Bernd Schneider (1997 und 2002**)
Marco Bode (1997 und 2002**)
Mehmet Scholl (2002)
Fernando Morientes (2003)
Mark van Bommel (2004)

* fiel nach einem Probetraining durch ** mehrfache Versuche

SECHS TORE VON KLAUS FISCHER GEGEN SCHALKE

Mit seinen 182 Bundesligatoren für Schalke gehört Fischer zu den großen Torjägern des Klubs. Einmal, bevor er zu Schalke kam, und fünfmal in der Zeit danach hat er auch gegen Schalke getroffen:

6 Tore

2.11.1968 zum 2:0 für München 1860 beim 3:1 gegen S04
19.2.1983 für den 1. FC Köln zum 1:0 beim 4:1 beim S04.
1.3.1983 für den 1. FC Köln zum 1:0, 2:0 und 4:0 zum 5:0 im DFB-Pokal gegen S04.
29.8.1984 für den VfL Bochum zum 2:2 beim 3:2 gegen S04.

GROSSE WORTE 9

»Ich sah damals aus wie ein Pornodarsteller.«

Hendrik Herzog, der zu Schalker Zeiten lange Nackenhaare trug

ERSTE BEGEGNUNGEN

Gegner	Datum	Wettbewerb	Ergebnis
Borussia Dortmund	3.5.1925	Ruhrgaumeisterschaft	4:2
Arminia Bielefeld	20.3.1927	Westdeutsche Meisterschaft	3:0
Fortuna Düsseldorf	17.4.1927	Westdeutsche Meisterschaft	3:4
TSV München 1860	8.5.1927	Deutsche Meisterschaft	1:3
1. FC Köln**	22.4.1928	Westdeutsche Meisterschaft	2:7
Hamburger SV	8.7.1928	Deutsche Meisterschaft	2:4
VfL Bochum*	16.12.1928	1. Ruhrbezirksklasse	5:2
MSV Duisburg***	28.4.1929	Westdeutsche Meisterschaft	3:2
Borussia Mönchengladbach	26.5.1929	Westdeutsche Meisterschaft	4:0
1. FC Nürnberg	1.6.1930	Deutsche Meisterschaft	2:6
Eintracht Frankfurt	29.5.1932	Deutsche Meisterschaft	1:2
Werder Bremen	8.4.1934	Deutsche Meisterschaft	5:2
Hannover 96	14.4.1935	Deutsche Meisterschaft	3:2
VfB Stuttgart	23.6.1935	Deutsche Meisterschaft	6:4
Hertha BSC	11.4.1937	Deutsche Meisterschaft	2:1
SpVgg Greuther Fürth****	29.9.1940	DFB-Pokal	1:2
1. FC Kaiserslautern	24.5.1942	Deutsche Meisterschaft	9:3
Alemannia Aachen	1.6.1947	Britische Zonenmeisterschaft	5:0
Rot-Weiss Essen	5.12.1948	Oberliga	1:1
Bayer Leverkusen	7.8.1949	Oberliga-Relegation	1:0
Karlsruher SC	21.5.1955	DFB-Pokal	2:3
Bayern München	23.10.1965	Bundesliga	1:1
VfL Wolfsburg	12.12.1970	DFB-Pokal	2:2
SC Freiburg	26.8.1981	2. Liga	1:0
FSV Mainz 05	16.10.1982	DFB-Pokal	6:3 n.V.
Hansa Rostock	12.10.1991	Bundesliga	5:0
Energie Cottbus	13.10.1999	DFB-Pokal	2:2; 4:5 i.E.
1899 Hoffenheim	14.12.2008	Bundesliga	1:1

* als Germania Bochum, **als SpVgg Sülz 07, ***als Meidericher SV, ****als SpVgg Fürth

LEGENDÄRE SPIELE 5

Erstes Freundschaftsspiel gegen eine englische Mannschaft
Mittwoch, 19. Mai 1937, 18.15 Uhr, Glückauf-Kampfbahn
Zuschauer: 40.000

Jahrzehntelang hieß es, dass Schalke gegen den englischen Meister gesiegt hätte. Das stimmte nicht, der Klub aus dem Londoner Südwesten holte den Titel nie. Dennoch war der Erfolg über den damaligen Erstligisten aus dem Mutterland des Fußballs eine echte Sensation.

FC Schalke 04 – Brentford FC 6:2 (4:1)

Schalke
Trainer: Hans Schmidt

H. Klodt

Bornemann   Schweisfurth

Gellesch   Tibulsky   Valentin

Wa. Berg   Szepan   Poertgen   Kuzorra*   Urban

Reid   Muttit   McCulloch   W. Scott   Hopkins

McKenzie   James   Holliday

Dumbrell   Brown

Mathieson

Brentford FC
Trainer: Harry Curtis

* Mannschaftskapitän

Tore: 1:0 Berg (3.), 1:1 Scott (5.), 2:1 Urban (22.), 3:1 Berg (37.), 4:1 Kuzorra (44.), 5:1 Berg , 5:2 Gellesch (Eigentor), 6:2 Poertgen
Schiedsrichter: unbekannt

UMFRAGENANTWORTEN

Spieler werden oft auch nach Dingen gefragt, die mit Fußball nichts zu tun haben, gerne per Fragebogen. Manchmal führt das zu verblüffenden Antworten.

MICHAEL SKIBBE	FRAGE:	*Hobby?*
	ANTWORT:	»Mädchen«
NORBERT ELGERT	FRAGE:	*Politische Einstellung?*
	ANTWORT:	»Etwas links«
WERNER LORANT	FRAGE:	*Lieblings-Politiker?*
	ANTWORT:	»Franz Josef Strauß«
BERNARD DIETZ	FRAGE:	*Größte Sorge 1983?*
	ANTWORT:	»Unsere schwierige gesellschaftliche Gesamtsituation«
MANFRED DREXLER	FRAGE:	*Lieblingsbuch?*
	ANTWORT:	»Der Kerzenmacher von Sankt Stephan«
JENS LEHMANN	FRAGE:	*Größter Fehler?*
	ANTWORT:	»Gutgläubigkeit, Gleichgültigkeit, Egoismus«
KLAUS FICHTEL	FRAGE:	*Vorbild?*
	ANTWORT:	»Willi Schulz (in seiner besten Zeit)«

DIE HÖCHSTEN NIEDERLAGEN IN DER ZWEITEN LIGA

HEIMSPIELE	**1:5**	gegen Hertha BSC (7.4.1984)
	1:5	gegen Eintracht Braunschweig (6.8.1989)
AUSWÄRTSSPIELE	**0:4**	gegen Union Solingen (17.9.1983)
	0:3	gegen den Karlsruher SC (5.11.1983)
	0:3	gegen den SC Freiburg (20.10.1990)

DIE BESTEN EINSCHALTQUOTEN

Schalke ist im Fernsehen immer ein Quotenhit, ob mit den Spielen im DFB-Pokal oder den europäischen Begegnungen.

13,68 Mio.	21.05.1997	UEFA-Cup-Finale Inter Mailand – Schalke 04	SAT.1 1:0 n.V./1:4 i.E.
11,02 Mio.	17.03.1998	UEFA-Cup-Viertelfinale Schalke 04 – Inter Mailand	RTL 1:1 n.V.
10,72 Mio.	07.05.1997	UEFA-Cup-Finale Schalke 04 – Inter Mailand	RTL 1:0
10,12 Mio.	03.03.1998	UEFA-Cup-Viertelfinale Inter Mailand – Schalke 04	ARD 1:0
9,94 Mio.	07.03.2002	DFB-Pokal-Halbfinale Schalke 04 – Bayern München	ARD 2:0 n.V.
9,65 Mio.	22.04.1997	UEFA-Cup-Halbfinale Schalke 04 – CD Teneriffa	RTL 2:0 n.V.
9,46 Mio.	11.05.2002	DFB-Pokal-Finale Schalke 04 – Bayer Leverkusen	ZDF 4:2
9,13 Mio.	28.05.2005	DFB-Pokal-Finale Schalke 04 – Bayern München	ARD 1:2
8,58 Mio.	04.03.1997	UEFA-Cup-Viertelfinale Schalke 04 – Valencia CF	RTL 2:0
8,51 Mio.	19.04.2005	DFB-Pokal-Halbfinale Schalke 04 – Werder Bremen	ARD 2:2 n.V./5:4 i.E.

RÜCKENNUMMERNSALAT 3

Mit der **24** auf dem Rücken schoss Marc Wilmots sechs Tore in den zwölf Partien und den zum UEFA-Cup-Sieg entscheidenden Strafstoß im Elfmeterschießen in Mailand.

WINDHUNDE UND BOXKÄMPFE

In den Zeiten, als die Lautsprecher und eine Anzeigetafel im Parkstadion, die häufiger defekt war, als dass sie funktionierte, die einzigen Medien der Stadion-Kommunikation waren, sollten diese Events für Zerstreuung in der Halbzeitpause sorgen.

1975 Sechs deutsche 4x100-Meter-Staffeln treten in der Halbzeit des Spiels gegen Eintracht Braunschweig gegeneinander an. Das Quartett des TV Wattenscheid 01 läuft mit 39,00 Sekunden deutschen Rekord.

1980 Für Boxkämpfe mit dem Deutschen Meister Michael Kopzog und Vize-Europameister René Weller wird beim Eintritt eine Mark Zuschlag verlangt.

1981 Eine türkische Folkloregruppe tanzt zum Empfang von Neuzugang Ilyas Tüfekci.

1981 Die Brüder Nock überspringen auf ihren Motorrädern eine Reihe von Autos.

1982 Ein Windhundrennen soll bei der ersten Aufstiegsfeier für Abwechslung sorgen – allerdings verheddern sich die Hunde in den Tornetzen.

SCHALKER SPIELMACHER

Die klassische »10« hat es auf Schalke eher selten gegeben. Aber diese Spieler gaben auf dem Platz unbestritten nicht nur die Impulse, sondern bestimmten den Rhythmus der jeweiligen Schalker Mannschaften.

Hans Ballmann — Fritz Szepan
Ernst Kuzorra — Günter Herrmann
Heinz van Haaren — Hannes Bongartz
Branko Oblak — Bernd Dierssen
Olaf Thon — Andreas Möller
Lincoln

DIE JAHRHUNDERTELF

Zu Beginn des Jahres 2000 ließ der FC Schalke 04 seine Jahrhundert-Elf samt Trainer wählen. Die Resonanz war gewaltig. Genau 10.144 Wähler beteiligten sich an der Abstimmung. Bei der Aufstellung wurde das offensive 3-4-3-System vorgegeben. Am 21. September 2000 konnte dann das Endergebnis präsentiert werden, in dem sich nicht, wie sonst oft üblich, nur die Aktualität spiegelte (gefettet die Spieler der Jahrhundert-Elf).

Tor

Norbert Nigbur	**5350**	Manfred Orzessek	164
Jens Lehmann	3501	Hermann Mellage	71
Hans Klodt	1227		

Abwehr

Olaf Thon	**8575**	Otto Tibulsky	1247
Klaus Fichtel	**6560**	Michael Büskens	964
Rolf Rüssmann	**2776**	Friedel Rausch	528
Yves Eigenrauch	2083	Hans Bornemann	407
Thomas Linke	1923	Jürgen Sobieray	287
Bernard Dietz	1922	Hans Nowak	286
Willi Schulz	1648	Otto Schweisfurth	259
Helmut Kremers	1464		

Mittelfeld

Ernst Kuzorra	**8236**	Herbert Burdenski	924
Marc Wilmots	**7386**	Heinz van Haaren	891
Fritz Szepan	**6609**	Klaus Scheer	562
Ingo Anderbrügge	**3742**	Manfred Kreuz	522
Hannes Bongartz	2963	Günter Herrmann	457
Jiri Nemec	2208	Ulrich Bittcher	411
Gerd Neuser	1700	Alexandr Borodjuk	358
Herbert Lütkebohmert	1619	Heiner Kördell	196
Andreas Müller	980	Günter Karnhof	147
Branko Oblak	943	Manfred Berz	129

Sturm

Klaus Fischer	9236	Willi Koslowski	929
Stan Libuda	8374	Adolf Urban	794
Rüdiger Abramczik	3977	Klaus Täuber	768
Youri Mulder	2141	Ernst Kalwitzki	424
Erwin Kremers	1967	Rudi Gellesch	226
Bernhard Klodt	1234	Günter Siebert	215

Trainer

Huub Stevens	4275	Friedel Rausch	711
Ivica Horvat	2409	Edi Frühwirth	375
Jörg Berger	1169	Diethelm Ferner	185
Hans Schmidt	1054		

TORQUOTIENT GEGEN TRAUMFINALE

Fast wäre es 1956 zu einem Traumfinale um die Deutsche Meisterschaft gekommen: FC Schalke 04 gegen Borussia Dortmund. Aber nur fast. So stand es nach dem letzten Spieltag in der Vorrundengruppe 1:

1.	Karlsruhe	**7:5** Tore	**7:5** Punkte
2.	Schalke	**16:12** Tore	**7:5** Punkte
3.	Kaiserslautern	**16:13** Tore	**7:5** Punkte
4.	Hannover	**8:17** Tore	**3:9** Punkte

Heute würden die Schalker in dieser Tabelle als Erster geführt und sich fürs Endspiel qualifizieren, weil angesichts des Punktgleichstands ihr Torverhältnis von +4 besser als das des KSC (+2) ist. Sogar der 1.FC Kaiserslautern (+3) würde noch vor den Karlsruhern stehen. Damals jedoch war das anders. Bei Punktegleichstand wurde der Torquotient ermittelt, also die Zahl der geschossenen Tore durch die der Gegentore geteilt. So kam Karlsruhe mit einem Quotienten von 1,40 vor Schalke 1,33 und Kaiserslautern 1,23 ins Endspiel (das dann gegen den BVB 2:4 verloren ging). Erst 1969 wurde der Torquotient vom DFB abgeschafft.

WILDE FUSSBALLKERLE UND VEREINSGRÜNDER

Es sollen 16 Jungs gewesen sein, alle im Alter von zwölf bis 14 Jahren, die der Legende nach Westfalia Schalke gründeten, die Keimzelle des FC Schalke 04. Ein wilder Haufen von Straßenkickern, der sich durch die Vereinsgründung voller Stolz eine Form geben und sich mit anderen Mannschaften sportlich messen wollte. Ihr Anführer hieß Willy Gies, das steht fest, und die Namen seiner 15 Mitstreiter sollen in seinem Notizbuch gestanden haben. Leider gibt es das so wenig wie eine Urkunde oder eine Zeitungsnotiz. So sind bis heute nur die Namen von zehn Gründern überliefert:

	*	†
Wilhelm Gies	1.2.1890	15.9.1931
Heinrich Kullmann	8.12.1889	5.10.1965
Adolf Oetzelmann	19.1.1891	unbekannt
Johann Kessel	10.8.1890	25.4.1968
Viktor Krogull	8.10.1890	13.9.1975
Josef Seimetz	10.2.1891	18.9.1914
Wilhelm van den Berg	9.7.1891	28.8.1914
Josef Versen	15.12.1889	1.2.1955
Ferdinand Gebauer	Geburts- und Sterbedatum unbekannt	
Johannes Hornung	Geburts- und Sterbedatum unbekannt	

FUSSBALLGOTT

In den 90er-Jahren kürten die deutschen Fankurven oft den »Fußballgott« ihrer Mannschaft. Dazu wurden nicht filigrane Techniker erkoren, sondern einsatzfreudige Abwehrspieler, die man mit stakkatohaften Sprechchören feierte. Auf Schalke war es »Tho-mas Lin-ke, Fuß-ball-gott!«, dessen Posten jedoch vakant wurde, als er 1998 zu Bayern München wechselte. Nach draufgängerischen Paraden bei einem 1:0-Sieg über den VfB Stuttgart schien sich der neue Torhüter Frode Grodas die Nachfolge Linkes gesichert zu haben, doch nach einer längeren Verletzungspause war der Norweger nur Reservist, und sein Status als Fußballgott geriet darüber in Vergessenheit. Und es ist bis heute kein neuer gefunden worden.

HUUBISMUS

Zwölf klassische Sätze von Trainer Huub Stevens,
die er in seinen sechs Jahren bei Schalke
so oft gebrauchte, dass sie noch heute
jeder im Kopf hat.

1. Das ist Fußball.

2. Wir tun alles zusammen.

3. Die Null muss stehen.

4. Das erste Spiel ist das wichtigste.

5. Es geht nicht um System, es geht um Organisation.

6. Ich würde gerne mit mehr als elf Spielern spielen, aber das erlaubt der Schiedsrichter nicht.

7. Man hat immer mit Menschen zu tun und nicht mit Robotern. Und Menschen haben Gefühle.

8. Man muss nach den natürlichen Fähigkeiten der Spieler gucken.

9. Jedes Spiel ist wichtig. Abgerechnet wird nach 34 Spieltagen.

10. Realistisch bleiben!

11. Das waren keine Chancen, sondern Möglichkeiten.

12. Und wenn da noch Fragen über sind ...

RÜCKENNUMMERNSALAT 4

Weil seine Wunschnummer **8** besetzt war und ihm die freien Rückennummern wie **4**, **12** oder **16** nicht gefielen, entschied sich Neuzugang Orlando Engelaar im Sommer 2008 für die erstaunlich hohe Rückennummer **37**.

Deutsche Meisterschaft 1958
18. Mai 1958, 15.00 Uhr, Hannover, Niedersachsenstadion
85.000 Zuschauer

Der Kapitän spielte seine Rolle beim bislang letzten Meistertitel vorbildlich: Mit einem Doppelschlag – Flugkopfball und Rechtsschuss – in der ersten halben Stunde stellte Berni Klodt die Weichen frühzeitig auf Schalker Sieg. Endgültig geschlagen war der anrennende HSV allerdings erst, als Manfred Kreuz neun Minuten vor Schluss das 3:0 gelang.

FC Schalke 04 – Hamburger SV 3:0 (2:0)

Schalke
Trainer: Edi Frühwirth

Manfred Orzessek

Helmut Sadlowski Günter Brocker

Karl Borutta Otto Laszig Günter Karnhof

Willi Koslowski Heinz Kördell Günter Siebert Manfred Kreuz Bernhard Klodt*

Uwe Reuter Erwin Piechowiak Uwe Seeler Klaus Stürmer Gerd Krug

Jochen Meinke Josef Posipal* Jürgen Werner

Franz Klepacz Günther Schlegel

Horst Schnoor

Hamburg
Trainer: Günter Mahlmann

* Mannschaftskapitän

Tore: 1:0 Klodt (5.), 2:0 Klodt (29.), 3:0 Kreuz (80.)
Schiedsrichter: Albert Dusch (Kaiserslautern)

ABSCHIEDSSPIELE

In England sind Abschiedsspiele für verdiente und langjährige Profis üblich, in Deutschland hat sich diese Tradition nie durchsetzen können. Dennoch bekamen sieben Schalker Profis am Ende ihrer Karriere einen besonderen Abgang.

FRITZ SZEPAN/ERNST KUZORRA am 12.11.1950
gegen Atletico Mineiro/Brasilien

HERMANN EPPENHOFF am 22.12.1956 *gegen UDA Prag*

BERNI KLODT am 12.6.1963 *gegen die Nationalelf Bulgariens*

KLAUS FICHTEL am 26.8.1986 *Schalke 04 – Internationale Auswahl*

INGO ANDERBRÜGGE am 28.7.2002 *Ingos Eurofighter – Schalke 04*

OLAF THON am 18.1.2003 *gegen Bayern München*

EBBE SAND am 24.7.2005 *Ebbes All-Stars gegen Schalke 04*

AUS DER NORDKURVE AUF DEN PLATZ

Der ehemalige Nationalspieler Marco Bode war in seiner Jugend Schalke-Fan, Per Mertesacker von Werder Bremen ebenso. Der ehemalige Wattenscheider Bundesligaprofi Thomas Langbein ließ sich sogar S04 auf den Unterarm tätowieren. Gespielt hat dieses Trio nie für die Knappen, aber für folgende Kicker, die seit ihrer Jugend Schalke-Anhänger waren, erfüllte sich dieser Traum.

HUBERT CLUTE-SIMON
TOM DOOLEY · YVES EIGENRAUCH
MIKE HANKE · TIM HOOGLAND
FRANK HARTMANN · MARTIN MAX
MANUEL NEUER · MATHIAS SCHIPPER
UWE TSCHISKALE
SASCHA WOLF

DIE VORSITZENDE

Christine Schuermann saß nie in einem Gremium von Schalke 04 und doch galt sie einigen als Vorsitzende des Vereins. Sie war die Frau von Robert Schuermann, der 1915 während des Ersten Weltkriegs den Vorgängerklub Westfalia Schalke wiederbelebt hatte. Als der 1916 an die Front musste, übernahm die Tochter des Schalker Gastwirts Friedrich Wilkes seine Aufgaben. Ein gutes Jahr lang hielt das »zarte Wesen mit sinnenden, verträumten Augen«, so die Jubiläumschronik von 1954, das Vereinsleben aufrecht. In ihrer Wohnung zogen sich die Spieler um, im Waschhaus auf dem Hof wurden die Trikots gewaschen, und in der elterlichen Gaststätte gab es zu essen. 1917 wurde der Spielbetrieb eingestellt, auch weil die überwiegende Zahl der Fußballer einrücken musste. Christine Schuermann starb am 18. Juli 1918 an den Folgen einer Stirnhöhlenvereiterung.

TRAINER DER ZWEITEN MANNSCHAFT

Fritz Thelen (bis 1958)
Paul Matzkowski (1958–1965)
Josef Broden (1965–1969)
Manfred Kreuz (1969–1981)
Willi Koslowski (1981–1984)
Klaus Fichtel (1984–1987)
Willi Koslowski (1987–1990)
Klaus Fischer (1990–1995)
Klaus Täuber (1995–2002)
Gerhard Kleppinger (2002–2005)
Michael Büskens (2005–2008)
Markus Högner (seit 2008)

OPA PRZYKOWSKI

»Ob ich verroste und verkalke, ich gehe immer noch auf Schalke«, heißt es im Lied von »Opa Przykowski aus dem Ruhrrevier«. Die Platte, die Ende der 60er-Jahre Komponist Leopold Füchslein (eigentlich Hans-Leopold Lißeck) und Sänger Rudy Tadday aufnahmen, zierte seinerzeit das Foto eines weißhaarigen und vollbärtigen Greises mit Prinz-Heinrich-Mütze und Stumpen im Mund. Dieser schlug in der Glückauf-Kampfbahn bei Toren der Knappen die berühmte Schalke-Glocke. »Opa Przykowski« hätte eigentlich aber »Opa Schwarz« heißen müssen, denn der Mann auf dem Foto hieß Paul Schwarz (1887 in Gelsenkirchen geboren und bis 1966 als Bergmann auf der Zeche Graf Bismarck gearbeitet). Schwarz klang jedoch nicht so unverkennbar nach Ruhrpott.

VALENTIN

Der Türke Hami, die Brasilianer Ailton und Lincoln sind längst nicht die einzigen Spieler, die man auf Schalke nur beim Vornamen genannt hat. Schon in der ersten Meisterelf von 1934 stand ein solcher Spieler: Valentin. Mit Nachnamen hieß er Przybylski, doch weil der für deutsche Zungen unaussprechbar war, ließ man ihn einfach weg. In einigen Chroniken wird Valentin auch als V. Valentin, Valentin Valentin, Valentin Przytulla und in diversen Abweichungen von dieser Schreibweise geführt. »Sein Hausname begann mit P.«, hieß es in den »Vereinsnachrichten« von September 1956 lakonisch. Valentins Eltern stammten aus der preußischen Provinz Posen, er selbst kam am 16. Oktober 1906 in Dortmund zur Welt. Als linker Läufer spielte er von 1927 bis 1937 in der ersten Mannschaft und nannte sich selbst »Vallin«. In der Mannschaft indes wurde er wegen seines Namensvetters Karl Valentin »Tullux« gerufen, denn der bayerische Komiker war berühmter »Tullux-(= Spaß-)macher«.

DIE VEREINSKNEIPEN

Zu einem ordentlichen Fußballverein gehört eine Vereinskneipe, das ist bei Schalke 04 nicht anders. Vor allem im legendären Haus Thiemeyer am Schalker Markt feierte die Vereinsfamilie nicht nur die sportlichen Erfolge, dort war lange Zeit auch die Geschäftsstelle des FC Schalke 04 untergebracht. Mit steigenden Mitgliederzahlen wurde eine eigenständige Geschäftsstelle nötig, und das Vereinslokal verlor an Bedeutung. Gerd Bosch, der letzte Pächter der Gaststätte an der Glückauf-Kampfbahn, den man noch Vereinswirt nennen konnte, starb im Sommer 1998.

ca. 1906	Gaststätte Wilhelm Heining	Gewerkenstraße 56
1910	Restauration Ernst Dittmar	Herzogstraße 60
ca. 1916	Gastwirtschaft Friedrich Wilke	Viktoriastraße 60
1919	»Westfälischer Hof« Heinrich Wegener	Schalker Straße 159
1924	Haus Oeldemann	Grenzstraße 2
15.7.1928	»Kaiserhalle« Haus Heinrich Thiemeyer	Schalker Markt 10
1945	Glockenwirt Hermann Gehring	
1947	Ötte Tibulsky (Gastwirtschaft Jakob Weber)	Glückauf-Kampfbahn
1960	Gaststätte Haus Wellhausen	Kurt-Schumacher-Straße 119
1962	Gaststätte Ötte Tibulsky (später: Gerd Bosch)	Glückauf-Kampfbahn

13 UNGEWÖHNLICHE FANCLUB-NAMEN

1. Qua De Wick Wack

Der Name des Fanclubs aus dem Ort Menzelen in der Gemeinde Alpen basiert auf dem Menzelener Froschlied: »In Menzelen an der Flöth, sprang ein Frosch vom Wasser in die Höh ...«

2. Blau-Weiss Frillendorf Heimstatt Engelbert

Fanclub, der sich in einem Behindertenwohnheim in Essen-Frillendorf gegründet hat.

3. Parklücke Wilhelmshaven

Experten für die 16.000 Parkplätze rund um die Veltins-Arena? Nein, der Name hat nichts mit den PKW-Fahrkünsten der Mitglieder zu tun, sondern ist in der Gaststätte »Zur Parklücke« in der Stadt am Jadebusen entstanden.

4. 94er Schajucas

Kein besonderer Weinjahrgang, sondern eine Abkürzung: die Schalker Jungens Castrop, 1994 gegründet.

5. De Kloawender

Die das Klo drehen? Nein, im Siegerländer Platt heißen Kloawender die Bewohner von Klafeld, das heute zum nördlichen Siegener Stadtteil Geisweid zählt.

6. FC Gully 04

Der Fanclub wurde in den frühen 70er-Jahren in Bad Oeynhausen gegründet und hatte anfangs keinen Namen. Man traf sich im privaten Kreis zum Frühschoppen, der auch schon mal etwas länger dauerte. Und so entstand auch der Name: Ein Vater war mit seiner Tochter zu Gast und vertrödelte die Zeit. Als sie endlich nach Hause kamen, schimpfte die Mutter nicht schlecht, weil sie mit dem Essen wartete. Dabei entfuhr es der Tochter: »Mama, die schlucken wie die Gullys!«

7. Monasteria

Keine Gelsenkirchener Geheimloge und kein königsblaues Kloster verbirgt sich hinter diesem Namen, Monasteria ist die lateinische Bezeichnung für die Stadt Münster.

8. Driland Knappen Gronau

Es gibt zwar nur die Ländergrenze zu den Niederlanden in der Nähe und kein drittes Land, wie der Name vermuten lässt. Doch die Bezeichnung Driland für die Region Gronau trägt dem Umstand Rechnung, dass hier auch die Bundesländer NRW und Niedersachsen aneinanderstoßen.

9. Planeta Coeruleus 98

Ein aufwendig ausgedachter Name für Schalker mit großem Latinum oder botanischem Wissen. Der blaue Planet heißt es übersetzt, so nennt sich ein Fanclub in Nordkirchen.

10. Huculvi Stürmer 04

Kein Schalker Stürmer mit ungarischen Vorfahren, den es nach Umwegen in den Ruhrpott verschlagen hat, sondern ein Fanclub aus Petershagen an der Weser. Bekannt wurde dieser Ort im Jahr 784 unter dem lateinischen Namen Huculvi, weil Karl der Große dort auf einem Feldzug gegen die Sachsen die Weser erreichte.

11. Kröver Nacktarsch Knappen

Keine Sorge, die Fans aus Kröv zeigen nicht regelmäßig ihren Allerwertesten, der Kröver Nacktarsch ist eine Weinlage im Mosel-Saar-Ruwer-Gebiet. Nacktarsch ist dabei eine Verballhornung entweder des lateinischen »Nectarius« oder des keltischen »Nackas«. Beides bedeutet »felsige Höhe« und leitet sich davon ab, dass der Nacktarsch-Hang im Herbst ohne Laub schlicht »nackt« aussieht.

12. Blau-Weisse Unstrut-Perle Nebra

Es klingt fremdländisch, ist jedoch einfach eine touristische Bezeichnung für die schöne Kleinstadt Nebra an der Unstrut, einem Nebenfluss der Saale.

13. Königsblau Victoria

Fanclub, der sich nicht zu Ehren der Viktoria gegründet hat, der Meisterschaftstrophäe also, die Schalke zwischen 1934 und 1942 sechsmal gewann, sondern seinen Sitz in der Zentrale von Schalkes Versicherungssponsor Victoria hat. Und die ist mitten in Düsseldorf, am Victoriaplatz 1.

UND SCHON WIEDER ZWEITER

»Nicht ist scheißer als Platz zwei«, hat Erik Meijer einmal gesagt. Und hätte der ehemalige Profi des Hamburger SV, von Bayer Leverkusen und Alemannia Aachen im Laufe der Jahre bei Schalke 04 gespielt, hätte er zu diesem Fluch häufiger Anlass gehabt, denn nicht weniger als 22-mal wurden die Schalker in ihrer Geschichte Zweiter.

Deutscher Vize-Meister

1933 Fortuna Düsseldorf 0:3
1938 Hannover 96 .... 3:3/3:4
1941 Rapid Wien 3:4
1972 (in der Bundesliga hinter Bayern München)
1977 (in der Bundesliga hinter Bor. Mönchengladbach)
2001 (in der Bundesliga hinter Bayern München)
2005 (in der Bundesliga hinter Bayern München)
2007 (in der Bundesliga hinter dem VfB Stuttgart)

Deutscher Pokalfinalist

1935 1. FC Nürnberg 0:2
1936 VfB Leipzig 1:2
1941 Dresdner SC 1:2
1942 TSV München 1860 .... 0:2
1955 Karlsruher SC 2:3
1969 Bayern München 1:2
2005 Bayern München 1:2

Vize-Meister der 2. Liga

1984 (in der Zweiten Liga hinter Karlsruher SC)

Westdeutscher Vize-Meister

1927 (in der Endrunde hinter Duisburger SV)
1952 (in Oberliga West hinter RW Essen)
1956 (in Oberliga West hinter Borussia Dortmund)
1962 (in Oberliga West hinter 1. FC Köln)

Ligapokalfinalist

2001 Hertha BSC 1:4
2002 Hertha BSC 1:4

DIE GEFALLENEN DES ZWEITEN WELTKRIEGS

Der Zweite Weltkrieg ging auch an Schalke nicht spurlos vorbei. Sechs Spieler, die zuvor für die »Erste« gespielt hatten, kamen um, darunter auch die Meisterspieler Walter Berg, Adolf Urban sowie Meistertrainer Otto Faist.

† Walter Berg
11. April 1916–12. Mai 1949 | 33 Jahre
Auf der Flucht aus tschechischem Gefangenenlager in Jachimowo erschossen

† Otto Faist
11. März 1903–1. Februar 1945 | 41 Jahre
Widersprüchliche Aussagen: Entweder gefallen oder Tod in sowjetischem Gefangenenlager

† Bernhard Füller
8. Dezember 1921–28. Juni 1943 | 21 Jahre
Gefallen bei Choten in der Sowjetunion

† Heinrich Kempen
1. September 1924–21. August 1943 | 18 Jahre
Starb auf dem Hauptverbandsplatz Jamnoje östlich von Roslawl

† Herbert Lichtner
25. April 1905–1941/42 | 36 Jahre
Gefallen an einem unbekannten Ort im Osten

† Wilhelm Schabram
11. Juni 1916–17. Januar 1942 | 25 Jahre
Starb auf dem Transport zum Verbandsplatz, vermutlich im Osten

† Adolf Urban
9. Januar 1914–27. Mai 1943 | 29 Jahre
Starb auf dem Hauptverbandsplatz in Staraja Russa am Ilmensee in der Sowjetunion

DIE DREI IRRTÜMER DES MARKUS MERK

Als 19. Mai 2001 um Viertel nach fünf glaubten sich alle Schalker am Ziel ihrer Träume. Am letzten Spieltag der Saison hatte die Mannschaft ihr Spiel gegen die Spielvereinigung Unterhaching bereits mit 5:3 gewonnen, der Hamburger SV führte in der Nachspielzeit gegen Bayern München mit 1:0. Schalke wäre erstmals seit 1958 wieder Deutscher Meister. Doch Patrik Andersson glich mit dem buchstäblich letzten Schuss der Saison – einem indirekten Freistoß – noch für die Bayern aus. Zielscheibe der Schalker Verbitterung ist seitdem Schiedsrichter Markus Merk. Drei Regelverstöße werfen die Königsblauen dem Referee der Partie in Hamburg noch heute vor. Seither hat Merk kein Spiel mit Schalker Beteiligung mehr gepfiffen.

1.
Die Nachspielzeit von vier Minuten

Während der regulären Spielzeit hatten die Bayern das Spiel verzögert, da ihnen ein Remis genügte. Die Regeln besagen, dass ein solches Verhalten im Fall eines Rückstands nicht mit einer Nachspielzeit belohnt werden darf. Die Münchner bekamen vier Minuten.

2.
Der indirekte Freistoss

Hamburgs Tomas Ujfalusi spitzelte Bayerns Paulo Sergio den Ball vom Fuß und neben das eigene Tor, wo ihn HSV-Torhüter Mathias Schober aufnahm. War das ein absichtlicher Rückpass, wie ihn die Regel beschreibt? DFB-Schiedsrichter-Lehrwart Eugen Strigel legte sich später fest: »Es war natürlich kein Rückpass.«

3.
Das Foul an Torhüter Schober bei der Ausführung des Freistosses

Bei der Ausführung des indirekten Freistoßes wollte Torhüter Schober vor die Mauer stürmen und wurde von Willy Sagnol am Arm zurückgerissen. Merk hätte Freistoß für den HSV pfeifen und das Tor der Bayern aberkennen müssen.

PERSÖNLICHE WERBEVERTRÄGE

Ingo Anderbrügge	3M-Nasenpflaster
Gerald Asamoah	Reinert Snäx
	Philips Defibrillatoren
	Revell Kick-o-mania
Rudi Assauer	Veltins
	EA-Sports Fußball Manager 2002
	Rheinfelsquelle
Marcelo Bordon	Fair gehandelter Kaffee
Berni Klodt	Brisk Haarcreme
Kevin Kuranyi	Nutella
	Adidas, MSN
	Revell Kick-o-mania, Axe
Martin Max	3M-Nasenpflaster
Manuel Neuer	Victoria Versicherung
	Veltins Malz
Charly Neumann	Figura Fit
Zeugwart Flori Simon und die Mannschaft	Persil Waschmittel
Mirko Slomka	Victoria Versicherung
Olaf Thon	Hipp, Spiel-o-thek, Adidas
	Wilkinson Protector
	EA-Sports FIFA 1999, DAK
	Pro Action Football
Jermaine Jones	Ball Packaging Europe

DIE HÖCHSTEN SIEGE IN DER ZWEITEN LIGA

Heimspiele	**6:0**	gegen die Spielvereinigung Bayreuth 25.10.1981
	6:0	gegen den SC Freiburg 28.10.1983
	6:0	gegen Darmstadt 98 9.3.1984
	5:0	gegen Alemannia Aachen 11.5.1984
	6:2	gegen Fortuna Köln 3.12.1983
Auswärtsspiele	**4:0**	bei BV Lüttringhausen 5.2.1984
	4:0	bei Alemannia Aachen 11.8.1989

SCHALKER NATIONALTRAINER

Vier ehemalige Schalker wurden
später Nationaltrainer.

MICHAEL SKIBBE
Bundestrainer der deutschen Nationalmannschaft *2000–2004*

•

BRANKO OBLAK
Nationaltrainer Sloweniens *2004–2006*

•

ALEXANDR BORODJUK
Interimscoach der russischen Nationalmannschaft *2004–2005*

•

HANS-JÜRGEN GEDE
Nationaltrainer Iran *1998*
Nationaltrainer Usbekistan *2003–2005*

DAS DUO AUS DER AMATEUR-NATIONALMANNSCHAFT

Zwei Knappen kamen in der DFB-Elf zum Einsatz, die es heute nicht mehr gibt. HEINZ HORNIG spielte 1959 als Königsblauer gegen England, HARTMUT HUHSE 1972 gegen Schottland und die Niederlande. GERD NEUSER bestritt zwar 20 Spiele für die deutsche Amateur-Nationalmannschaft, allerdings für den TSV Siegen. WILLI SCHULZ spielte ebenfalls neunmal für die Amateur-Nationalmannschaft, als er noch bei Union Günnigfeld war.

DER SCHNELLSTE SCHALKER

➤ Der Sprinter SEBASTIAN ERNST startete bis 2005 für die Leichtathletik-Abteilung des FC Schalke 04 und wurde 2003 Junioren-Europameister über 200 Meter. Seine Bestzeiten liegen über 100 Meter bei 10,36 Sekunden und über 200 Meter bei 20,36 Sekunden.

DIE ENTWICKLUNG DES VEREINSLOGOS

Im ältesten Vereinsemblem ist zum ersten Mal das Kürzel S04 zu finden. Drei Jahre später wurde der Vereinsname auf FC Gelsenkirchen-Schalke 04 erweitert, weil die Stadt beim Bau der Kampfbahn »Glückauf« unbürokratisch mit Krediten und Bürgschaften einsprang. Seither ist auch das »G« für Gelsenkirchen im Signet zu finden. Größere Veränderungen gab es danach nicht mehr, sondern nur noch kleine Modifizierungen. Als die Vereinsnachrichten 1950 erstmals wieder erschienen, wurde auf ihren Kopf die Version mit den drei Ringen gedruckt. Diese waren bloße Verzierung und in der vordigitalen Zeit eine harte Nuss für alle, die das Logo drucken oder auf Textilien nähen mussten. Um die Reproduzierbarkeit zu vereinfachen, entschloss sich der Verein im Sommer 1998, die drei Ringe durch einen dicken Kreis zu ersetzen.

1924

1928

30er-Jahre

80er-Jahre

90er-Jahre

1998

Franz Hasil (1968/69)

Mit dem österreichischen Filigrantechniker sollte in der Saison 1968/69 wieder die Spielkultur Einzug auf Schalke halten. Doch nach nur einer Spielzeit kehrte der Wiener den Knappen den Rücken. Mög-licherweise hatte es auch mit den Geldstrafen für den Mittelfeldspieler zu tun: 1000 Mark für »unerlaubtes Studium des Wiener Nachtlebens«, 3000 Mark für einen »ungenehmigten Heimaturlaub in Wien«.

Franz Krauthausen (1973–1975)

Zwei Jahre, sechs Spiele, kein Tor – selten klaffte eine größere Lücke zwischen Anspruch und Wirklichkeit als beim Rechtsaußen, der mit Bayern München doch immerhin zweimal Deutscher Meister geworden war. Angesichts einer erstklassigen Dotierung löste Krauthausen seinen Vertrag erst nach entsprechender Abfindung.

Wim Suurbier (1977/78)

Kaum ein Schalker hat eine schlechtere Bilanz als der niederländische Vize-Weltmeister von 1974 und 1978: In den zwölf Bundesliga-Spielen, in denen Suurbier eingesetzt wurde, gab es nur drei Siege, aber acht Niederlagen. Aber der Rechtsverteidiger ahnte wohl früh, dass es für ihn auf Schalke nicht gut laufen würde, als ihn beim Abschlusstraining vor seinem Debüt gegen den HSV sein Konkurrent Manfred Ritschel durch ein brutales Foul aus der Mannschaft zu treten versuchte.

Walter Junghans (1982–1987)

Seine Strafraumbeherrschung inspirierte selbst Atheisten zu Stoßgebeten. Fünf Jahre lang stand Walter Junghans vor allem das eigene Nervenkostüm beim Bemühen im Weg, ein würdiger Nachfolger von Norbert Nigbur zu werden. Seine drei größten Aussetzer: Im Derby gegen den BVB am 5. März 1983 griff Junghans zweimal so krass daneben, dass ausgerechnet Rüdiger Abramczik aus einem 0:1 einen 2:1-Sieg für die Gäste machen konnte. Im DFB-Pokal-Halbfinale 1984 gegen Bayern München stürmte Bernard Dietz nach vorn und erzielte das 5:5, um einen Aussetzer des Torhüters wettzumachen. Der hatte einen Rückpass des Liberos so unglücklich verarbeitet, dass Dieter Hoeneß mühelos zum 4:5 einschießen konnte. In der Saison 1986/87 schien sich Schalke 04 erstmals seit fast einem Jahrzehnt dauerhaft in der Spitzengruppe festsetzen zu können. 11:5-Punkte wies die Tabelle aus, als die Blau-Weißen am 4. Oktober 1986 kurz vor der Halbzeit gegen den 1. FC Köln völlig verdient mit 2:0 vorn lagen. Doch zwei Fangfehler von Junghans, aus denen zwei Gegentore resultierten, leiteten eine 2:4-Niederlage und eine sportliche Talfahrt ein.

Radmilo Mihajlovic (1991–1993)

»Ich gehe jetzt raus, dann trägst du da deine Zahlen ein!« Präsident Günter Eichberg legte Bayern Münchens Angreifer Radmilo Mihajlovic bei Verhandlungen im Januar 1991 einen Blankovertrag vor. Der stellte utopische Forderungen, weil er nicht zu einem Zweitligisten wollte, doch der Schalker Sonnenkönig ging auf diese umstandslos ein. Er kaufte damit für drei Millionen Mark Ablöse, eine Million Mark Handgeld steuerfrei, ein Grundgehalt von 500.000 Mark, ein mietfreies Haus und einen nagelneuen Mercedes 500 die für lange Zeit teuersten zwölf Pflichtspieltore der Vereinsgeschichte ein.

Bent Christensen (1991–1993)

Mit seinem Transfer stieß Schalke 04 in eine neue Dimension vor. Fünf Millionen Mark Ablösesumme investierten die Knappen in Bent Christensen. Doch »Turbo-Bent« erwies sich als ein zur Melancholie neigender Däne, der einfach nicht ins Schalker Konzept passte. Nach nur acht Toren in 49 Spielen tingelte der Angreifer durch Spanien und Griechenland, was Schalke 04 aber nur einen Bruchteil der ursprünglichen Ablöse einbrachte.

Hami Mandirali (1998/99)

Das »goldene Kind« tauften ihn die Fans von Trabzonspor ob seiner technischen Fähigkeiten, doch wie ein Kind gebärdete sich der sensible Techniker auch nach seinem Wechsel in die Bundesliga oft. Freistöße weit jenseits der 30-Meter-Distanz drosch er grundsätzlich aufs Tor, was die Schalker Fans bei derartigen Standardsituationen mit zunehmend ironischerem Unterton zu »Hami, Hami«-Sprechchören animierte. Bei härteren Ansagen von Trainer Huub Stevens brach er im Training in Tränen aus. Nach einer Saison hatte Hami genug. In den letzten beiden Saisonspielen gegen Eintracht Frankfurt und den TSV München 1860 gelangen ihm endlich zwei Freistoßtore.

DEUTSCHER MEISTER AUS POLEN?

Im Kicker vom 14. Juli 1934 wurde ein Brief des FC Schalke 04 veröffentlicht, in dem der Klub über die Herkunft seiner frischgebackenen Meisterspieler genaue Auskunft gab. Grund dafür waren polnische Pressestimmen, nach denen »die deutsche Fußballmeisterschaft in den Händen der Polen« sei und dass die Schalker wegen ihrer Herkunft jahrelang vom Deutschen Fußball-Bund benachteiligt worden wären. Die Schalker, oft als »Polacken-Club« beschimpft, meinten mittels einer Abstammungstafel ihr Deutschsein belegen zu müssen. Es standen auch wirklich neun gebürtige Gelsenkirchener, ein Gladbecker, ein Dortmunder, ein Wattenscheider und ein Münsteraner im Kader des Meisters, aber dennoch waren die Schalker Migrantenkinder. Ihre Mütter und Väter stammten zumeist aus masurischen Dörfern. Ostpreußen zählte damals noch zum Deutschen Reich, und die konservativen, monarchisch-evangelischen Masuren grenzten sich bewusst von der katholischen polnischen Bevölkerung in Ostpreußen ab, die bis 1918 über keinen Nationalstaat verfügte.

FRAUEN-FUSSBALL IN BLAU UND WEISS

1975 schloss sich dem FC Schalke 04 das Frauenteam von Eintracht Erle an, das im Jahr zuvor das Endspiel um die Deutsche Meisterschaft erreicht hatte und dem TuS Wörrstadt mit 0:4 unterlegen war. Bis zur Saison 1986/87 gewann es in der Westfalenliga, der damals höchsten Spielklasse, fünfmal den Titel und wurde fünfmal Zweiter. In der Endrunde um die Deutsche Meisterschaft war aber jeweils schon nach der erste Runde Schluss. 1987 löst sich die Abteilung wegen interner Querelen auf. (Nichts mit Frauenfußball zu tun hatte übrigens Schalkes Bundesligaspieler Gerd Neuser, der, wohl weil er aus Siegen kam, seit Jahren mit dem gleichnamigen Macher des mehrfachen deutschen Frauenmeisters TSV Siegen verwechselt wurde.)

U23-NATIONALSPIELER

Von 1955 bis 1973 war die höchste Nachwuchs-Auswahl des DFB die U23-Nationalmannschaft. Neun Schalker wurden dort eingesetzt:

Hans-Jürgen Becher 3/0*
Karl Borutta 3/0
Klaus Fichtel 3/0
Klaus Fischer 2/0
Werner Ipta 2/0
Willi Koslowski 2/0
Herbert Höbusch 1/0
Egon Horst 1/0
Helmut Jagielski 1/0

*Spiele/Tore

GÜNTER SIEBERT BEI SCHALKE

Eine der schillerndsten Figuren in der Geschichte des FC Schalke 04 ist Günter Siebert auch deshalb, weil er dem Klub so lange auf so unterschiedliche Weise verbunden ist.

1951–1953	Spieler
1955–1959	Spieler
1964–1966	2. Schriftführer
1966–1967	Vize-Präsident
1967–1976	Präsident
1976	Manager
1978–1979	Präsident
1979–1980	Technischer Direktor
1987–1988	Präsident
Seit 2001	Mitglied des Ehrenpräsidiums

VEREINSMASKOTTCHEN

1991–1994: Wühli | *ein Maulwurf als Sinnbild für den Bergbau*
Seit 1994: Erwin | *der Ruhrgebiets-Einwohner und typische Schalke-Fan*

Lee Buddah

Hip-Hop-Musiker aus Dortmund, dessen Künstlername schon seinen Lieblingsverein verrät. In seinem Pass steht Philip Stegers. Einer seiner Titel: »Das Revierderby – der S04 gegen den BVB«. Textprobe: »Es geht auch diesmal nicht nur um drei Punkte. Es geht wie immer ums Prinzip.« Recht hat er.

Thonträger

So hieß die 1998er-EP der »Sportfreunde Stiller«. Auf dem Frontcover: ein Foto von Olaf mit Oberlippenflaum und Paddock's-Trikot.

Lokalmatadore

»Proletophile« Punkrockband aus Mülheim/Ruhr, die seit 1982 ihre Hingabe zu Schalke 04 in liebevollen Texten rausschreit. Dazu gehören Uptempo-Coverversionen königsblauer Klassiker wie »Blau und Weiß«, aber auch Ramones-artige Songs mit Refrains wie: »Ins Stadion gehen mi'mm Pappbecher Bier, inne Nordkurve stehn: Dat is Schalke 04.«

Ibo

Deutsch-mazedonischer Schlagerstar, mit bürgerlichem Namen Ibrahim Bekirovic, dessen größter Hit »Ibiza« hieß. Seinem Lieblingsverein Schalke 04 huldigte er 1999 mit der Single »Blau und weiß«. Ibo starb am 23. November 2000 im Alter von 39 Jahren bei einem Autounfall.

Lionel Ritchie

Rockte die Veltins-Arena als Stargast bei ihrer Eröffnung am 13. August 2001 und riss 55.000 Besucher zu »Oh wie ist das schön«-Gesängen hin. Nach dem 0:0 im Eröffnungsspiel schoss Ritchie zudem das erste Tor im neuen Stadion, als er einen Plastikball ins Netz drosch, den ihm ein Fan zugeworfen hatte. Im Oktober 2004 gab es beim Flug zum Spiel bei Bayern München ein Wiedersehen mit den Knappen. Der Popstar hatte seinen Flieger nach München verpasst und flog per Anhalter bei den Knappen mit. Bei den angeregten Gesprächen in der Luft bedurfte es der Aufforderung »Lionel, erzähl mich datt Tor« nicht. Er selbst erzählte die Geschichte freudestrahlend.

MISS SCHALKE

2000 .... **Wencke Haupt** .... Volkach
2001 .... **Sabrina Goronzy** .... Gelsenkirchen
2002 .... Keine Wahl ....
2003 .... **Susanne Köppen** .... Gelsenkirchen
2004 .... **Anja Wiese** .... Clausthal-Zellerfeld
2005 .... **Diana Constabel** .... Magdeburg
2006 .... **Sarah Schirp** .... Ennepetal
2007 .... **Lisa Ostdorf** .... Oer-Erkenschwick
2008 .... **Tatjana Stockhausen** .... Gelsenkirchen

Der Schalker Fan-Club Verband ruft alle Schalke-Fans zur Wahl auf und führt diese auch durch.

ROBIN HOOD IN SCHWEINFURT

Als sich Schalke-Fan Clive Lavery, Erfinder des Schlachtrufs »Steht auf, wenn ihr Schalker seid«, 2002 zum Studium nach Nottingham verabschiedete, luden ihn seine Kollegen auf eine Abschiedsfahrt zum Pokalspiel von Schalke 04 bei den Amateuren des FC Bayern ein. Alle Beteiligten erschienen in Anspielung auf den künftigen Studienort von Lavery in Robin-Hood-Kluft, sowie einer, der die Vorgabe wohl etwas falsch verstanden hatte, mit Indianer-Kopfschmuck. Auf der Autofahrt beschlossen sie spontan, einen Zwischenstopp einzulegen und der Pokalpartie zwischen Schweinfurt 05 und Union Berlin einen Besuch abzustatten. Da man den Eintritt sparen wollte, gab man gegenüber den Ordnern vor, zu einer Anti-Rassismus-Performance in der Halbzeitpause eingeladen zu sein. Es wurde ihnen geglaubt, und so verfolgten in der Halbzeitpause auf dem Rasen des Willy-Sachs-Stadions vier Robin Hoods zur Musik von Clannads »Robin the hooded man« einen Indianer. Sie streckten ihn mit Pfeil und Bogen nieder, sodass er vom Platz getragen werden musste. Bruder Tuck, der sich schützend vor den Indianer stellte, wurde ebenfalls von einem Pfeil getroffen, was ihn sichtlich verärgerte, sodass er erst nach wiederholter Aufforderung zu Boden ging. Die Reaktion des Publikums war gespalten: Beifall von der Haupttribüne, Bierbecher aus der Kurve der Schweinfurt-Fans und Ärger mit dem Ordnungsdienst nach Auffliegen des Schwindels.

DIE GRÖSSTEN SKANDALE DES FC SCHALKE 04

25. August 1930

Wegen der Annahme von zu hohen Spesengeldern und anderen finanziellen Vergünstigungen werden 14 Schalker zu »Berufsspielern« erklärt und gesperrt, darunter Fritz Szepan, Ernst Kuzorra und Ötte Tibulsky. Als die Sperre am 31. Mai 1931 aufgehoben wird, bekunden tags darauf beim Freundschaftsspiel gegen Fortuna Düsseldorf 70.000 Zuschauer in der Glückauf-Kampfbahn ihre Solidarität mit dem Team: Sie stehen bis an den Spielfeldrand und liegen sogar auf den Tornetzen.

21. September 1961

Über Jahre hinaus bezahlt der Verein seine Spieler aus schwarzen Kassen. Nachgewiesen werden gut 150.000 Mark zwischen 1959 und 1961, die für Prämien, Handgelder und Möbelrechnungen ausgegeben wurden. Weil sich die beteiligten Vorstandsmitglieder nicht persönlich bereichert haben, kommen sie bei der Verhandlung vor dem Landgericht Essen mit Geldstrafen davon.

17. April 1971

Schalke 04 verliert sein Heimspiel gegen den abstiegsbedrohten DSC Arminia Bielefeld mit 0:1. Die Zuschauer rufen »Schiebung« und haben den richtigen Riecher. 40.000 Mark fließen aus Ostwestfalen an die Spieler der Knappen – 2300 Mark pro Mann. Nachdem Horst-Gregorio Canellas, der ebenfalls an den Manipulationen beteiligte Präsident von Kickers Offenbach, Bestechungen per Tonband-Aufzeichnungen belegen kann, werden insgesamt elf verschobene Spiele in der gesamten Bundesliga nachgewiesen und die beteiligten Spieler zunächst auf Lebenszeit gesperrt. Um dem zu entgehen, schwören acht Schalker Spieler den Meineid, nicht geschoben zu haben.

17. Oktober 1993

Präsident Günter Eichberg tritt zurück und hinterlässt einen Schuldenberg von 20 Millionen Mark. Angehäuft wurde er in der Marketing GmbH, über die der Club viele teure Neugeschäfte abwickelte und so die Auflagen für den Hauptverein umgehen wollte. Diese Vergehen bestraft der DFB zunächst mit einem Abzug von zwei Punkten, die er in der Berufung in eine Geldstrafe von 500.000 Mark umwandelt.

BÖSE WORTE

MAX MERKEL:
»Das Schönste an Schalke war schon immer die Autobahn nach München.«

AILTON:
»Alles, was ich bisher über Gelsenkirchen gehört habe, ist ein Desaster. Es soll nicht besonders schön sein, und für junge Leute soll es dort nicht viele Möglichkeiten geben, um Spaß zu haben und auszugehen. Das klingt alles nicht besonders gut. Vielleicht bleibe ich in Bremen wohnen und spiele nur in Schalke. Es ist ja nur mein Job, dort Tore zu schießen.«

BRANKO OBLAK:
»München war viel besser als Gelsenkirchen. Die Leute waren da ein bisschen offener.«

BAUZEITEN DER SCHALKER STADIEN

391 TAGE **KAMPFBAHN GLÜCKAUF**
Erster Spatenstich: *1. August 1927*
Erstes Spiel: *2. September 1928*
FC Schalke 04 – SV Köln-Sülz 3:3

1436 TAGE **PARKSTADION GELSENKIRCHEN**
Erster Spatenstich: *29. August 1969*
Erstes Spiel: *4. August 1973*
FC Schalke 04 – Feyenoord Rotterdam 0:1

995 TAGE **ARENA AUFSCHALKE / VELTINS-ARENA**
Erster Spatenstich: *21. November 1998*
Erstes Spiel: *13. August 2001*
FC Schalke 04 – Borussia Dortmund 0:0 (45 min)

DAS ERSTE FLUTLICHTSPIEL

Das Abschiedsspiel von Hermann Eppenhoff am 22. Dezember 1956 gegen UDA Prag, wie Slavia Prag zu diesem Zeitpunkt hieß, war das erste unter der Flutlichtanlage in der Glückauf-Kampfbahn. Vor 20.000 Zuschauern gelang Berni Klodt in der 57. Minute das Tor des Tages zum 1:0-Sieg.

DIE DEUTSCHEN NATIONALSPIELER

Gerald Asamoah	43/6*
Olaf Thon	40/3
Fritz Szepan	34/8
Klaus Fischer	30/23
Stan Libuda	24/3
Klaus Fichtel	23/1
Kevin Kuranyi	23/5
Willi Schulz	22/0
Adolf Urban	21/11
Rudolf Gellesch	20/1
Rolf Rüssmann	20/1
Bernhard Klodt	19/3
Rüdiger Abramczik	19/2
Hans Klodt	17/0
Erwin Kremers	15/3
Hans Nowak	15/0
Ernst Kuzorra	12/7
Jörg Böhme	10/1
Heiko Westermann	9/1
Helmut Kremers	8/0
Norbert Nigbur	6/0
Mike Hanke	5/1
Hannes Bongartz	4/0
Fabian Ernst	4/0
Ernst Poertgen	3/5
Hermann Eppenhoff	3/3
Herbert Burdenski	3/1
Willi Koslowski	3/1
Jermaine Jones	3/0
Frank Rost	3/0
Christian Pander	2/1
Günter Herrmann	2/0
Jens Lehmann	2/0
Thomas Linke	2/0
Otto Tibulsky	2/0
Walter Berg	1/0
Heinz Kördell	1/0
Hennes Tibulsky	1/0

Gewertet wurden die Länderspiele während eines laufenden Vertrags bei Schalke 04.

*Spiele/Tore

RÜCKENNUMMERNSALAT 5

Zwei Rückennummern trug Johan de Kock in der Saison 1996/97. Mit der **26** lief der Innenverteidiger in der Bundesliga auf, im UEFA-Cup war es die **25**, weil dort in jener Zeit nur Nummern bis 25 erlaubt waren.

DIE BEKANNTESTEN BANNER

Nicht nur die vier großen Schalker Fan-Organisationen (Schalker Fan-Club Verband, Supporters Club, Ultras GE und Fan-Ini) sind oder waren mit großen Bannern bei Heim- und Auswärtsspielen vertreten. Es gibt auch eine Vielzahl von Zaunfahnen, die man nahezu bei jedem Schalker Spiel sieht. Manchmal steckt eine Einzelperson dahinter, manchmal ein ganzer Fanclub. Hier sind die bekanntesten Aufdrucke:

MENDEN/SIEG • DIETMAR BOTTROP • BENNY HAGEN
SVEN ON TOUR • DUDENHOFENS SOHN • KLUTIS ENNEPETAL
ANGERSTEIN • SANE ELZ • NEUBECKUM • COBURG
GELSENKIRCHEN • THOMASBERG • KÖLN • MENGERSKIRCHEN
GEVELSBERG • HÄRTSFELD • VREDEN • GUNNERS
DÜSSELDORF • PK SCHWELM • SCHALKER FREUNDE HARZ
KROPP • BÜDELSDORF • WINDECK • WINKELS
IRON BLUE 83 HEIDELBERG • HOF/SAALE • BLUEPANTHERS
KÖNIGSBLAUES CHEMNITZ
GEITHAIN/SACHSEN

SOZIALFORSCHUNG 1971

Im August 1971 kam eine Freizeitstudie des Emnid-Instituts unter Fußballfans im Ruhrgebiet zu folgenden Ergebnissen:

Unter den Abiturienten des Ruhrgebiets war Borussia Dortmund der beliebteste Fußballclub.

•

Hausfrauen liebten den FC Schalke 04.

•

Von allen Revierklubs hatte Schalke die meisten Landwirte als Besucher, aber auch die meisten Arbeiter.

•

Mehr Gelsenkirchener waren Fans von Borussia Dortmund als Dortmunder vom FC Schalke 04.

•

Schalke war bei den Sauerländern und Münsterländern rund ums Ruhrgebiet wesentlich beliebter als der BVB.

➠ **18. MAI 1947** Nach zahllosen Schalker Siegen und lediglich einem 0:1 im Jahr 1943 tut diese erste Niederlage gegen Borussia Dortmund richtig weh. Im Endspiel um die Westfalenmeisterschaft verlieren die Knappen im Herner Stadion Schloss Strünkede trotz zweimaliger Führung mit 2:3. Das Siegtor erzielt Herbert Sandmann nach einem Fehler von Schalkes Torhüter Hans Klodt, die Wachablösung im Revier ist eingeleitet.

➠ **12. MÄRZ 1950** Nach einem umjubelten Schalker 2:1-Sieg legt der BVB Protest »wegen Benachteiligung« ein. Die Glückauf-Kampfbahn sei überfüllt gewesen und Spieler bedroht worden. Die Spruchkammer Westfalen ordnet zunächst eine Neuansetzung an, doch der Westdeutsche Fußballverband hebt das Urteil auf.

➠ **26. SEPTEMBER 1964** Beim Heimspiel in der Glückauf-Kampfbahn liegen die Knappen nach 35 Minuten unglaublicherweise bereits mit 0:6 gegen den BVB zurück. Rudi Assauer, in dieser Partie für die Borussia aktiv, wird später behaupten, in der Halbzeitpause sei in der Dortmunder Kabine bereits Sekt gereicht worden. Das Spiel endet schließlich 2:6.

➠ **26. FEBRUAR 1966** Im Nebel geht Schalke 04 im Stadion Rote Erde mit 0:7 unter. Während die Königsblauen die irregulären Bedingungen für die hohe Niederlage verantwortlich machen, behauptet Dortmunds Stürmer Lothar Emmerich nach dem Spiel: »Wenn wir etwas gesehen hätten, hätten wir noch viel höher gewonnen!«

➠ **6. SEPTEMBER 1969** Nach dem Schalker Führungstor im Stadion Rote Erde durch Hansi Pirkner stürmen freudetrunkene Fans den Rasen. Die Schäferhunde des betagten Dortmunder Ordnungsdienstes setzen hinterher, und Rüde Rex nutzt die Abwesenheit eines Maulkorbes besonders effektiv. Erst beißt er Schalkes Friedel Rausch in den Allerwertesten, dann dessen Mitspieler Gerd Neuser in die Wade. Rausch seinerseits beißt bis zum Schlusspfiff auf die Zähne. Das Spiel endete 1:1.

➠ **31. JANUAR 1970** Die Schalker kontern die Hundeattacke aus dem Hinspiel mit Humor. Anstelle von Hunden stattet Präsident Günter Siebert den Ordnungsdienst mit sechs jungen Löwen aus dem Park des Grafen Westerholt aus. Auch das Rückspiel ging 1:1 aus.

➡ **18. Oktober 1975** Erstmals nach dem BVB-Abstieg 1972 stehen sich beide Kontrahenten im DFB-Pokal gegenüber. Der schmeichelhafte Schalker 2:1-Sieg liefert ebenso Gesprächsstoff wie zahlreiche Schlägereien zwischen Anhängern beider Vereine vor den Toren des Stadions.

➡ **5. März 1983** Der Hooliganismus hat in Deutschland seine Hochphase, auch im Derby ist das nicht anders. Vor dem Anpfiff der Partie (1:2) im Parkstadion liefern sich beide Fangruppen eine Massenschlägerei – mitten auf dem Rasen.

➡ **12. Mai 2007** Am vorletzten Spieltag stürzt der BVB die Knappen durch einen 2:0-Sieg von der Tabellenspitze. Vor und während des Spiels gibt es zunächst verbale Provokationen, nach dem Abpfiff wird es gewalttätig.

➡ **13. September 2008** 3:0 führte Schalke in Dortmund. Kuranyi vergab eine 100-prozentige Chance zum 4:0. Der BVB drehte die Partie in den letzten 24 Minuten: Erst das 1:3, dann das 2:3 – ein klares Abseitstor, dann zwei Platzverweise gegen Pander und Ernst. 14 Minuten spielte Schalke mit neun Mann und musste eine Minute vor Schluss den 3:3-Ausgleich hinnehmen: durch einen völlig unberechtigten Handelfmeter.

VEREINSZEITUNGEN

ca. 1924
erste Vereinszeitung, Name unbekannt
1933–1943
regelmäßige Vereinszeitung, Name unbekannt
1950–1965
»Vereinsnachrichten«
1965–1969
»Der Kreisel«*/**
seit 1969
»Schalker Kreisel«***

* Begriff wurde erstmals bei der Jubiläumszeitschrift 1954 verwendet
**Parallel dazu erscheint: »Schalker Echo, Offizielle Stadionzeitung des FC Schalke 04«
***Zusammenlegung von Vereins- und Stadionzeitschrift

DEBÜTS IN NEUEN STADIEN

Kampfbahn Glückauf

Eröffnungsfeier:	2. September 1928
Erstes Spiel:	25. August 1928 FC Schalke 04 - SV Köln-Sülz 07 3:3
Warum dieser Gegner?	Amtierender Westdeutscher Meister
Erste Tore:	1:0 Emil Rothardt (21.), 1:1 (26.), 2:1 Heinrich Simon (30.), 3:1 Ernst Kuzorra (33.), 3:2 (53.) und 3:3 (82.) Ferdinand Swatosch
Erstes Meisterschaftsspiel:	23. September 1928 gegen Germania Herne 3:0
Erste Meisterschaftstore:	1:0 Alfred Jaczek (15.), 2:0 Emil Rothardt (70.), 3:0 Emil Rothardt (72.)
Erstes Fassungsvermögen:	35.000
Höchstes Fassungsvermögen:	48.000 (4. Oktober 1936)

Parkstadion Gelsenkirchen

Eröffnungsfeier:	4. August 1973
Erstes Spiel:	4. August 1973 FC Schalke 04 – Feyenoord Rotterdam 1:2
Warum dieser Gegner?	Spielpaarung der Intertoto-Runde
Erste Tore:	0:1 Peter Ressel (10.), 1:1 Helmut Kremers (83./Foulelfmeter), 1:2 Peter Ressel (87.)
Erstes Meisterschaftsspiel:	17. August 1973 gegen VfL Bochum 3:1
Erste Meisterschaftstore:	1:0 Erwin Kremers (9.), 2:0 Paul Holz (35.), 2:1 Dieter Versen (37.), 3:1 Klaus Beverungen (68.)
Erstes Fassungsvermögen:	70.298
Höchstes Fassungsvermögen:	71.021 (2. November 1996)

Arena AufSchalke/Veltins-Arena

Eröffnungsfeier:	13./14. August 2001
Erstes Spiel:	13. August 2001 FC Schalke 04 – Borussia Dortmund 0:0 (45 min)
Warum dieser Gegner?	Traditionell größter sportlicher Rivale im Ruhrgebiet

Erste Tore:	14. August 2001 1. FC Nürnberg - Borussia Dortmund 1:1 (45 min); 0:1 Fredi Bobic (7.), 1:1 Marco Villa (24.)
Erstes Schalker Tor:	14. August 2001 Victor Agali FC Schalke 04 - 1. FC Nürnberg 1:2 (45 min) 0:1 Martin Driller (13.), 1:1 Victor Agali (15.), 1:2 Martin Driller (21.)
Erstes Meisterschaftsspiel:	16. August 2001 FC Schalke 04 - Bayer Leverkusen 3:3
Erste Meisterschaftstore:	1:0 Tomasz Hajto (9.), 2:0 Jörg Böhme (39./Foulelfmeter), 2:1 Michael Ballack (58.), 2:2 Ulf Kirsten (73.), 3:2 Emile Mpenza (80.), 3:3 Bernd Schneider (90.)
Erstes Fassungsvermögen:	60.289
Höchstes Fassungsvermögen:	61.673

DFB-POKAL
KANTERSIEGE UND PACKUNGEN

Die höchsten Siege

20.8.1939 .... VfB Alsum - Schalke 04 .... **0:13**
5.8.2007 .... Eintracht Trier - Schalke 04 .... **0:9**
9.9.2006 .... Hansa Rostock II - Schalke 04 .... **1:9**
22.9.1935 .... Schalke 04 - SV 06 Kassel **8:0**
20.8.1977 .... Schalke 04 - TSG Bleidenstadt **8:1**
18.8.1940 .... Sportfreunde Halle - Schalke 04 .... **0:7**
27.8.2000 .... TSV Rain - Schalke 04 .... **0:7**

Die höchsten Niederlagen

19.2.1966 .... MSV Duisburg - Schalke 04 .... **6:0**
25.10.2005 .... Eintracht Frankfurt - Schalke 04 .... **6:0**
1.3.1983 .... 1. FC Köln - Schalke 04 .... **5:0**
1.8.1970 .... Hertha BSC - Schalke 04 .... **4:0**
17.10.1943 .... Schalke 04 - Vienna Wien **2:6**
28.10.2003 .... SC Freiburg - Schalke 04 .... **7:3** n.V.

DAS ANDERE LEBEN DER EUROFIGHTER

18 Spieler wurden von Trainer Huub Stevens in den zwölf Spielen auf dem Weg zum UEFA-Cup-Sieg 1997 eingesetzt. Das machen sie heute.

Ingo Anderbrügge	9 Spiele, 1 Tor	Ex-Chef-Trainer Wacker Burghausen
Mike Büskens	10 Spiele, 1 Tor	Co-Trainer von Schalke 04
Thomas Dooley	7 Spiele	Leiter der Fußballschule »Orange County Kings« in Laguna Niguel (Kalifornien/USA)
Yves Eigenrauch	8 Spiele	2. Vorsitzender des Anti-Rassismus-Projekts »Dem Ball is egal, wer ihn tritt«
Oliver Held	3 Spiele	Spieler beim TSV Kropp (Verbandsliga Schleswig-Holstein)
Johan de Kock	8 Spiele, 2 Tore	Trainer des niederländischen Amateurteams Germania Groesbeek und Berater eines Bauunternehmens
Marco Kurz	3 Spiele	Chef-Trainer bei München 60
Radoslav Latal	12 Spiele	unbekannt
Jens Lehmann	12 Spiele	Torhüter bei Arsenal FC in London
Thomas Linke	11 Spiele, 2 Tore	Assistent des Sportdirektors bei RB Salzburg
Martin Max	10 Spiele, 3 Tore	Beendete 2005 seine aktive Laufbahn bei Hansa Rostock
Youri Mulder	7 Spiele, 3 Tore	Fußball-Experte beim niederländischen TV-Sender NOS und Co-Trainer von Schalke 04
Andreas Müller	11 Spiele	Manager des FC Schalke 04
Jiri Nemec	12 Spiele	Chef-Trainer bei Dukla Prag (3. Liga Tschechien)
Olaf Thon	12 Spiele	Repräsentant und Vorstandsberater des FC Schalke 04
David Wagner	5 Spiele, 1 Tor	U17-Trainer bei der TSG Hoffenheim
Uwe Weidemann	3 Spiele	Trainer von KFC-Uerdingen 05
Marc Wilmots	11 Spiele, 5 Tore	TV-Experte beim belgischen Fernsehen

HANDFESTE AUSEINANDERSETZUNGEN

14. Januar 1951
Nach dem Abpfiff der Partie zwischen Schalke 04 und der STV Horst wird der während des Spiels scheinbar verletzte Horster Torhüter Heinz Flotho, 1942 Keeper der Schalker Meistermannschaft, von einem Zuschauer angeschrien: »Du hast doch nur markiert, du Verbrecher!« Flotho schlägt ihn umstandslos k. o.

18. Februar 1951
Beim Auswärtsspiel in Erkenschwick überschlagen sich nach dem späten Ausgleich der überhart spielenden Hausherren die Ereignisse. Schalkes Paul Matzkowski wirft Erkenschwicks Torschützen Kalli Matejka den Ball in den Rücken und wird daraufhin von dessen Ehefrau mit einem Regenschirm bearbeitet. In den Tumulten nach dem Schlusspfiff hält ein Erkenschwicker Anhänger überdies Schalkes Herbert Sandmann fest, sodass ihn Jule Ludorf k. o. schlagen kann. Doch sowohl Ludorf als auch Matzkowski kommen ohne Sperre davon, weil sie sich vor der Spruchkammer des Westfälischen Fußballverbandes förmlich entschuldigen.

1965
Bei einer Auseinandersetzung im Training schlägt Egon Horst seinen Mitspieler Hannes Becher zusammen. Der Abwehrspieler wird suspendiert und wechselt zum Hamburger SV.

EIN TIBULSKY ALS SOUVENIRJÄGER

Hennes Tibulsky kam nur zu einem einzigen Länderspiel-Einsatz, am 27. September 1931 beim 4:2 gegen Dänemark. Das mag an seinen sportlichen Leistungen gelegen haben, vielleicht aber auch daran, dass der ältere Bruder von Meisterspieler Otto Tibulsky ein Souvenirjäger war. Voller Stolz hatte er sein Nationaltrikot nach der Partie mitgenommen, doch Reichstrainer Otto Nerz vermisste das Leibchen. Tibulsky wollte sich an den Verbleib nicht erinnern, Nerz erklärte ihn zum Dieb und berief ihn fortan nicht mehr.

EINMAL SCHALKE UND ZURÜCK

Spieler	Zeitraum	Verein
Bernhard Klodt	1943–1948	FC Schalke 04
	1948–1950	STV Horst
	1951–1962	FC Schalke 04
Günter Siebert	1951–1953	FC Schalke 04
	1953–1955	Hessen Kassel
	1955–1959	FC Schalke 04
Willi Kraus	1962–1963	FC Schalke 04
	1963–1964	Go Ahead Deventer
	1964–1966	Tennis Borussia Berlin
	1966–1968	FC Schalke 04
Klaus Fichtel	1965–1980	FC Schalke 04
	1980–1984	Werder Bremen
	1984–1988	FC Schalke 04
Reinhard Libuda	1963–1965	FC Schalke 04
	1965–1968	Borussia Dortmund
	1968–1972	FC Schalke 04
	1972–1973	Racing Straßburg
	1973–1975	FC Schalke 04
Norbert Nigbur	1966–1976	FC Schalke 04
	1976–1979	Hertha BSC Berlin
	1979–1983	FC Schalke 04
Rüdiger Abramczik	1973–1980	FC Schalke 04
	1980–1983	Borussia Dortmund
	1983–1984	1. FC Nürnberg
	1984–1985	Galatasaray Istanbul
	1985–1987	Rot-Weiß Oberhausen
	1987–1988	FC Schalke 04
Mathias Schipper	1975–1979	FC Schalke 04
	1979–1982	Alemannia Aachen
	1982–1988	FC Schalke 04
Norbert Elgert	1975*	FC Schalke 04
	1975–1977	Westfalia Herne
	1977–1978	Westfalia Westerkappeln
	1978–1982	FC Schalke 04
Wolfram Wuttke	1979–1980*	FC Schalke 04
	1980*–1982	Borussia Mönchengladbach
	1982–1983	FC Schalke 04
Olaf Thon	1983–1988	FC Schalke 04
	1988–1994	Bayern München
	1994–2002	FC Schalke 04

Klaus Berge	1983-1985	FC Schalke 04
	1985-1987	1. FC Saarbrücken
	1987-1988	FC Schalke 04
Ralf Regenbogen	1985-1986*	FC Schalke 04
	1986*-1991	Rot-Weiss Essen
	1991-1994	DSC Wanne-Eickel
	1994-1995*	Fortuna Hagen
	1995*	Hamborn 07
	1995*-1997	FC Schalke 04
Mark Schierenberg	1991-1995	FC Schalke 04
	1995-1997	SG Wattenscheid 09
	1997-1999	FC Schalke 04
Michael Büskens	1992-1999	FC Schalke 04
	1999-2000	MSV Duisburg
	2000-2002	FC Schalke 04
Miguel Pereira	1993-1995	FC Schalke 04
	1995-1996	Preußen Münster
	1996-1999	FC Schalke 04
Marc Wilmots	1996-2000	FC Schalke 04
	2000-2001	Girondins Bordeaux
	2001-2003	FC Schalke 04
Mathias Schober	1990-2000	FC Schalke 04
	2000-2001	Hamburger SV
	2001-2007	Hansa Rostock
	seit 2007	FC Schalke 04

Ausgeliehene Spieler fanden keine Berücksichtigung.

* Wechsel in der laufenden Saison

GEHALTENE ELFMETER IN DER BUNDESLIGA

33 Strafstöße konnten S04-Keeper in der Bundesliga abwehren.

Norbert Nigbur	12
Jens Lehmann	6
Frank Rost	6
Oliver Reck	3
Horst Mühlmann	2
Holger Gehrke	1
Mathias Schober	1
Harald Schumacher	1
Volkmar Groß	1

1. FC Nürnberg

Die Fanfreundschaft im deutschen Fußball schlechthin. 1980 gilt den meisten als Entstehungsjahr. Warum sie aber zustande gekommen ist, darum ranken sich drei Legenden: Sammelten FCN-Fans im Nürnberger Bahnhof Geld für Schalker auf der Heimreise? Gab es Verbrüderungen bei gewalttätigen Auseinandersetzungen mit Fans des FC Bayern? Sorgten Fotos von Schalkern mit FCN-Aufnähern auf ihren Kutten für die Initialzündung? Keiner weiß es genau. Wird im Gegensatz zu allen anderen Fanfreundschaften in der Liga, die oftmals nur auf dem Papier bestehen, seit Jahren mit unterschiedlichsten Aktionen sorgfältig gepflegt.

FC Twente (Niederlande)

In den 90er-Jahren entstanden, weil mit Youri Mulder und Niels Oude Kamphuis zwei holländische Spieler von Twente kamen (auch Co-Trainer Eddy Achterberg und der Deutsche Simon Cziommer kickten dort). Außerdem ist Enschede Sitz des größten Schalke-Fanclubs in den Niederlanden. Seit 2008 sind mit Trainer Fred Rutten und Orlando Engelaar wieder zwei Ex-Enscheder auf Schalke.

Lech Posen (Polen)

1996 durch die Teilnahme der Schalker Fan-Initiative am Jugendaustausch »Unter gleichen Farben« entstanden. Unter der Schirmherrschaft des NRW-Sozialministeriums und auf Initiative des deutsch-polnischen Projekts Grenzenlos-Bez Grenic aus Frankfurt/Oder gab es wechselseitige Fanbesuche.

Valencia CF (Spanien)

Nachdem die Schalker Fans anlässlich des UEFA-Cup-Spiels 1997 in das tolle Treiben von Valencias Stadtfest Las Fallas eingetaucht waren, pflegte vor allem der Supporters Club regelmäßige Kontakte zur Mittelmeerstadt. Und als Knappen-Fans ein Champions-League-Spiel von Valencia beim PSV Eindhoven besuchten, war Präsident Roig so überrascht und begeistert, dass er sie mit Karten ausstattete.

Union Berlin

Die Fans der beiden Vereine kamen sich anlässlich des gemeinsamen Pokalfinales 2001 näher, nachdem SFCV-Vorsitzender Rolf Rojek und

Geschäftsführer Artur Saager die »Eisernen« zuvor in deren Kneipe besucht hatten. Im Jahr darauf gastierte die Schalker U19 in Unions Heimstatt, dem Stadion Alte Försterei, und bezwang im DFB-Juniorenpokal den Nachwuchs des VfB Stuttgart. Tags darauf gewannen die »Großen« gegen Bayer Leverkusen ihr zweites Pokalendspiel in Folge.

FC Slovan Liberec (Tschechien)

Beim ersten Schalker UI-Cup-Spiel in Nordböhmen im Sommer 2003 fanden sich die offiziellen Fanvertreter beider Vereine auf Anhieb sympathisch. Dass die Knappen im Jahr darauf gleich noch mal da spielten, verstärkte die losen Beziehungen, die sich über die Zeit hielten.

Vardar Skopje (Mazedonien)

Beim UI-Cup-Spiel von Schalke 04 gegen Vardar Skopje im Sommer 2004 kamen sich die Ultras Gelsenkirchen und die Loyal Fans von den mazedonischen Gästen näher. Die Mazedonier liefen in Gelsenkirchen ein paar Ultras in die Arme. Anfangs misstrauisch, folgten sie einer Einladung zum Ultra-Treffpunkt, gingen mit, und seither gibt es gegenseitige Spielbesuche.

FC Sevilla (Spanien)

»Light«-Version des Valencia-Effekts: Auch hier zog 2006 ein Fest, nämlich die Feria de Abril, alle angereisten Königsblauen in den Bann. Dazu machte die einzigartige Stimmung im Stadion Sanchez Pizjuan selbst die Schalker neidisch: So ließ sich das Halbfinal-Aus der Knappen im UEFA-Cup verschmerzen, und man unterstützte die Andalusier beim 4:0-Finalsieg über den FC Middlesbrough in Eindhoven.

FC Zenit St. Petersburg (Russland)

Die Vorstände der beiden Vereine unterzeichneten im Herbst 2006 einen Freundschaftsvertrag, kurz bevor das Sponsoring von Zenit-Eigentümer Gazprom beim FC Schalke 04 vereinbart wurde. Im Januar 2007 gab es zwischen beiden Klubs ein Freundschaftsspiel in der Veltins-Arena. Besuche von Jugendmannschaften und großen Fan-Delegationen mit jeweils rund 120 Vertretern bei den Spielen Zenit gegen Krylja Sovjetov Samara und Schalke gegen Bielefeld folgten, außerdem rundete eine Russland-Reise des Schalker Vorstands mit Trainer Mirko Slomka und Spielmacher Lincoln das erste Halbjahr der spektakulären Zusammenarbeit ab.

ERSTE DUELLE MIT DEN GROSSEN

Feyenoord Rotterdam	Freundschaftsspiel am 1. August 1957 (5:0)
Arsenal FC	Freundschaftsspiel am 9. August 1958 (3:1)
Ajax Amsterdam	Freundschaftsspiel am 2. August 1959 (0:3)
Juventus Turin	Alpenpokalspiel am 18. Juni 1968 (3:1)
FC Barcelona	Spiel um den 3. Platz beim Juan-Gamper-Turnier am 26. August 1970 (0:1)
Manchester United	Freundschaftsspiel am 1. August 1978 (1:1)
Benfica Lissabon	Halbfinale beim Jubiläums-Turnier zum 75-jährigen Bestehen des FC Schalke 04 am 3. August 1979 (0:1)
Inter Mailand	Freundschaftsspiel zum 80-jährigen Bestehen des FC Schalke 04 am 11. August 1984 (0:0)
AC Mailand	Champions-League-Spiel am 28. September 2005 (2:2)

FÜNF ÜBER FÜNF

Als Präsident von Schalke 04 war Gerhard Rehberg zwölfeinhalb Jahre Vorsitzender. Nur Fritz Unkel und Günter Siebert können auf eine längere Amtszeit verweisen. Sie verteilten ihre Präsidentschaft auf je drei Perioden. Nur fünf Vereinspräsidenten führten den Klub länger als fünf Jahre.

	Name	Gesamt*	Zeitraum	
1.	Fritz Unkel	266	17.03.1912–1915	39
			25.07.1919–23.07.1932	154
			24.06.1933–06.08.1939	73
2.	Günter Siebert	151	27.09.1967–11.11.1976	110
			09.03.1978–01.12.1979	21
			02.02.1987–19.09.1988	20
3.	Gerhard Rehberg	150	12.12.1994–18.06.2007	
4.	Hans-Joachim Fenne	79	06.05.1980–05.12.1986	
5.	Heinrich Pieneck	69	30.04.1940–02.1946	

*in Monaten

DIE INTERNATIONALEN NATIONALSPIELER

Jiri Nemec (Tschechien)	64/1*
Ebbe Sand (Dänemark)	51/18
Radoslav Latal (Tschechien)	44/0
Marc Wilmots (Belgien)	40/14
Levan Kobiashvili (Georgien)	36/5
Hamit Altintop (Türkei)	32/2
Christian Poulsen (Dänemark)	32/2
Tomasz Hajto (Polen)	30/2
Mladen Krstajic (Serbien)	28/0
Nico van Kerckhoven (Belgien)	26/1
Tomasz Waldoch (Polen)	23/0
Darío Rodríguez (Uruguay)	21/1
Thomas Dooley (USA)	18/2
Emile Mpenza (Belgien)	17/7
Ivan Rakitic (Kroatien)	16/5
Halil Altintop (Türkei)	15/3
Sven Vermant Belgien)	14/0
Gustavo Varela (Uruguay)	13/0
Zlatan Bajramovic (Bosnien-Herzegowina)	12/0
Miguel Pereira (Angola)	11/2
Levan Kenia (Georgien)	10/3
Lennart Larsson (Schweden)	10/2
Alexandr Borodjuk (UdSSR)	9/2
Bent Christensen (Dänemark)	9/3
Youri Mulder (Niederlande)	9/3
Branko Oblak (Jugoslawien)	9/1
Søren Larsen (Dänemark)	8/4
Wim Suurbier (Niederlande)	8/0
Viktor Agali (Nigeria)	7/2
Kurt Jara (Österreich)	7/2
Peter Løvenkrands (Dänemark)	7/1
Frode Grodas (Norwegen)	6/0
David Wagner (USA)	6/0
Michael Goossens (Belgien)	5/0
Hansi Pirkner (Österreich)	4/1
Carlos Zambrano (Peru)	4/1
Vicente Sanchez (Uruguay)	4/0
Vladimir Ljuty (UdSSR)	3/1
Chad Deering (USA)	2/0
Edi Glieder (Österreich)	2/0
Franz Hasil (Österreich)	2/0
Orlando Engelaar (Niederlande)	1/0
Carlos Grossmüller (Uruguay)	1/0
Johan de Kock (Niederlande)	1/0
Niels Oude Kamphuis (Niederlande)	1/0
Rafinha (Brasilien)	1/0

Gewertet wurden die Länderspiele während eines laufenden Vertrags bei Schalke 04. *Spiele/Tore

NAMEN DES RIVALEN

Zugegeben, nicht alle Bezeichnungen für den schwarz-gelben Klub aus der Nachbarschaft, seine Fans, sein Stadion und seine Stadt sind geistreich und witzig. Aber darum geht es halt auch nicht.

Stadt
Doofmund
Lüdenscheid Nord
Die verbotene Stadt

Verein
B*B
Klorussia

Fans
Lüdenscheider
Zecken
Die Unaussprechlichen
Die Schwachgelben
Biene-Maja-Fans
UI-Cup-Teilnehmer der Herzen

Stadion
Pestfalenstadion
Wellblechhütte

KUZORRAS TAG MIT 75 JAHREN

11 Uhr
Kneipenbesuch bei Werner Kretschmann:
zwei Kurze, ein Pils.

•

Mittagessen im Schalker Vereinslokal,
300 Meter weiter auf der Kurt-Schumacher-Straße:
ein Kurzer, zwei Pils.

•

Täglich zehn bis 15 Zigarren.

•

Abends Stammtischzeit,
acht Pils.

•

Zwischen 21 und 22 Uhr Bettruhe.

•

Kuzorra:
»Besoffen hat mich noch niemand gesehen.
Ich weiß, wann Schluss ist.«

DIE MANAGER

Amtsbeginn	Amtsende	Name	Offizielle Bezeichnung
11.11.1976	31.12.1976	Günter Siebert*	*Berater*
04.07.1977	09.03.1978	Emil Östreicher**	*Manager und Berater*
01.12.1979	31.01.1980	Günter Siebert***	*Technischer Direktor*
15.05.1981	04.12.1986	Rudi Assauer	*Manager*
25.02.1987	10.07.1987	Rolf Rüssmann	*Manager*
06.04.1989	17.07.1991	Helmut Kremers	*Sportlicher Leiter*
18.07.1991	24.04.1992	Günter Netzer****	*Strategischer Berater*
27.04.1992	01.07.1992	Heribert Bruchhagen	*Manager*
01.07.1992	30.10.1992	Helmut Kremers*****	*Manager für Spielerverkäufe*
11.01.1993	09.03.1993	Helmut Kremers	*Manager*
01.04.1993	23.10.1994	Rudi Assauer******	*Manager*
24.10.1994	17.05.2006	Rudi Assauer	*Manager*
22.05.2006		Andreas Müller	*Manager*

* Sieberts Vertrag sollte am 1. Januar 1977 gültig werden. Nach seinem Rücktritt als Präsident auf der Jahreshauptversammlung am 11. November fungierte er ohne Vertrag. Nach einem Streit unter Alkoholeinfluss mit Nachfolger Dr. Hütsch sagte Siebert, dass er sein Amt nicht antreten wolle. Diesem Ansinnen wurde zu seiner Überraschung zugestimmt.

** Einen Vertrag mit Schalke hatte der ehemalige Real-Madrid-Manager formal nicht, aber eine Vereinbarung mit dem Präsidenten Dr. Hütsch, der ihn im Urlaub kennengelernt hatte. Als dieser abgewählt wurde, war auch der Ungar Geschichte.

*** Als die Staatsanwaltschaft gegen Siebert wegen finanzieller Unregelmäßigkeiten beim Transfer von Vilson Dzoni ermittelte, ließ er sich bis zur Klärung des Sachverhalts beurlauben. Aus diesem »Urlaub« kehrte er nicht mehr zurück.

**** Netzer hielt sich die meiste Zeit in der Schweiz auf, wo er eine Vermarktungsagentur besaß, und galt als »Telefon-Manager«.

***** Kremers, der nach seiner ersten Beurlaubung wegen Streitigkeiten mit Trainer Ristic noch bis zum 30.06.1993 auf der Gehaltsliste stand, wurde reaktiviert, um Ladenhüter aus dem Spielerkader zu verkaufen, da Schalke nach Bruchhagens Wechsel zum Hamburger SV ohne Sport-Management dastand. Nach seiner zweiten Beurlaubung (Schatzmeister Rüdiger Höffken: »Er kriegt viel Geld, er tut null und ist im Herzen kein Schalker mehr«) reichte Kremers Klage wegen ausstehender Prämienzahlungen von 145.000 Mark ein. Zweieinhalb Monate später wurde er wieder zum Manager ernannt (mit den Stimmen von Höffken und des 2. Vorsitzenden Herbert Schmitz – gegen den Willen von Präsident Eichberg). Zwei Monate später wurde er zum dritten Mal gefeuert: Er hatte seine Klage nicht zurückgezogen und offen seine Kandidatur als Präsident angekündigt.

****** Sonntag gekündigt, Montag wieder eingestellt: Nachdem Assauer zunächst wegen privater finanzieller Schwierigkeiten das Vertrauen entzogen worden war, setzte der Vorstand um Präsident Kremers ihn tags drauf wieder ein – auch weil die Mannschaft sich für ihn starkmachte und weil in jenen Tagen mal wieder alles drunter und drüber ging.

Werner Kisker

Nur zum Saisonauftakt der Saison 1947/48 stand der erst in jenem Sommer vom SC Gelsenkirchen 07 gekommene Keeper im Schalker Tor, dann zog er zum TSV München 1860 weiter. Zur Spielzeit 1953/54 sollte Kisker zurückkehren, dann machten beide Seiten plötzlich einen Rückzieher. Wenige Wochen später wurde der Torhüter festgenommen und Anfang 1954 vom Landgericht Essen wegen »Betruges in zwei Fällen, Unterschlagung und Urkundenfälschung« zu 14 Monaten Haft verurteilt. Der Deutsche Fußball-Bund sperrte Kisker zunächst unbefristet, um ihn dann 1958 zu begnadigen.

Willi Kraus

Der »wilde Willi« stand zunächst 1962/63 bei Schalke unter Vertrag und dann wieder ab 1966. Im Februar 1968 wurde er jedoch vom Verein suspendiert und geriet auf die schiefe Bahn. Der Überfall auf einen Supermarkt im selben Jahr brachte ihm 15 Monate Haft, ein bewaffneter Banküberfall 1969 in Osnabrück siebeneinhalb Jahre Zuchthaus ein. Es folgten Verurteilungen wegen Einbruchs, Verstoßes gegen das Waffengesetz und Erpressung. 1987 gelang Kraus zwischenzeitlich die Flucht aus dem Gefängnis, 1988 wurde er wieder gefasst. 1990 erhielt er eine zehnjährige Freiheitsstrafe wegen Raubes, Anstiftung zum Raub und Kokainhandels. 1996 folgte die vorzeitige Entlassung wegen guter Führung. Kraus hatte bei Mithäftlingen 3.000 Mark für zwei libanesische Kinder gesammelt, die 1993 bei einem ausländerfeindlichen Brandanschlag in Hünxe schwere Verbrennungen erlitten hatten. Kurz nach seiner Entlassung handelte er wieder mit Kokain, was ihm 1998 eine weitere Haftstrafe von fünf Jahren einbrachte. Er starb am 19.10.2008.

Uwe Igler

Das Leben des Stürmers, der 1989 bei Schalke unter Vertrag stand, geriet nach der frühzeitigen Beendigung seiner aktiven Laufbahn durch einen Kreuzbandriss aus den Fugen. Igler wurde beim Verkauf von 500 Gramm Kokain erwischt.

Peter Schwan

1994 wurde Peter Schwan in den Aufsichtsrat des FC Schalke 04 kooptiert und übernahm sogar Bürgschaften für den Verein. Später stellte sich heraus, dass sein Vermögen aus hochspekulativen Warentermingeschäften stammte. 1998 wurde Schwan wegen Anlagebetruges zu neun Jahren Haft verurteilt.

Jürgen Sobieray

Schalkes ehemaliger Verteidiger wurde im September 2001 vom Dortmunder Landgericht in einer Revisionsverhandlung wegen Anlagebetruges zu dreieinhalb Jahren Haft verurteilt. Sobieray, der zwischen 1969 und 1979 für Schalke spielte, hatte zusammen mit Komplizen 2,2 Millionen Mark für eine angebliche »Spielerbörse« gesammelt, die lukrative Fußball-Transfers abzuwickeln versprach. Tatsächlich wurde das Geld zur Finanzierung von defizitären Unternehmen Sobierays umgeleitet.

DIE HÖCHSTEN OBERLIGA-NIEDERLAGEN

Heimspiele	**1:5**	gegen Borussia Dortmund (22.2.1959)
	1:5	gegen den 1. FC Köln (11.10.1959)
	1:5	gegen Preußen Münster (9.9.1961)
	1:4	gegen die STV Horst-Emscher (20.3.1949)
	1:4	gegen den Meidericher SV (12.4.1953)
Auswärtsspiele	**1:8**	gegen Preußen Münster (29.1.1950)
	2:7	gegen Fortuna Düsseldorf (7.11.1954)
	2:6	gegen Preußen Münster (25.11.1951)
	1:5	gegen Borussia Dortmund (16.10.1949)
	1:5	gegen Rot-Weiss Essen (7.5.1950)

DIE STADIONSPRECHER

Peter Konzen *(bis 1973)*
Hans Schneider *(1973)*
Werner Hansch *(1973-1979)*
Volker Stuckmann *(1978-1980)*
Bernd Scheffler *(1979-1988)*
Peter Orlowski *(1988-1989)*
Bernd Scheffler *(seit 1989)*
Dirk Oberschulte-Beckmann *(1995-2003; seit 2008)*
Frank Piontek *(2003-2007)*

RUSSISCHES ФК ШАЛЬКЕ 04

Seit Beginn des Jahres 2007 besteht
zwischen dem
FC Schalke 04 und Russland
durch den Sponsor Gazprom eine besondere Verbindung.
Die steigende Zahl russischer Fans kann die Ereignisse
bei den Königsblauen inzwischen auch auf der Homepage des Klubs
auf Russisch verfolgen. Und so sehen die Namen
der Lizenzspielerabteilung bei Vertragsabschluss
in kyrillischen Buchstaben aus.

Халил Алтинтоп	Halil Altintop
Хамит Алтинтоп	Hamit Altintop
Джеральд Асамоа	Gerald Asamoah
Златан Байрамович	Zlatan Bajramovic
Себастьян Бёниш	Sebastian Boenisch
Марсело Бордон	Marcelo Bordon
Фабиан Эрнст	Fabian Ernst
Маркус Хеппке	Markus Heppke
Тим Хоогланд	Tim Hoogland
Леван Кобиашвили	Levan Kobiashvili
Младен Крстаич	Mladen Krstajic
Тимо Кунерт	Timo Kunert
Кевин Кураний	Kevin Kuranyi
Деннис Ламщик	Dennis Lamczyk
Сёрен Ларсен	Sören Larsen
Линкольн	Lincoln
Петер Лёвенкрандс	Peter Løvenkrands
Мануэль Нойер	Manuel Neuer
Кристиан Пандер	Christian Pander
Мезут Ёцил	Mesut Özil
Рафинья	Rafinha
Дарио Родригес	Darío Rodríguez
Тони Тапалович	Toni Tapalovic
Густаво Варела	Gustavo Varela
Мирко Сломка	Mirko Slomka
Оливер Рек	Oliver Reck

VfL Bochum

Gegen keinen Bundesliga-Gegner ist die Bilanz annähernd so gut. 31 Siegen stehen nur 14 Niederlagen gegenüber. Nirgendwo gewannen die Knappen mehr Auswärtsspiele als an der Castroper Straße. Dass diese Bilanz allerdings keine Garantie für einen Sieg ist, wenn man ihn am nötigsten hat, zeigt das 1:2 vom April 2007, als man hätte Meister werden können.

❤

Eintracht Frankfurt *(auswärts)*

Bis 1992 hätten die Auswärtsspiele bei den Hessen noch in die Kategorie Angstgegner gehört, denn in unschöner Regelmäßigkeit bog die Eintracht selbst Zwei-Tore-Rückstände gegen Schalke noch in Siege um. 1986 feierte der S04 in Frankfurt einen Zufallssieg. Doch zwischen 1992 und 1999 durchbrachen die Knappen nicht nur die schwarze Serie, sie gewannen sogar gleich sechsmal in Folge. Frankfurt hat seinen Schrecken verloren.

❤

Arminia Bielefeld

Siege gegen die Ostwestfalen fallen nie leicht, aber die Bilanz zeigt, dass Schalke 04 von 29 Bundesligaspielen 16 gegen die Arminia gewonnen, aber nur sechs verloren hat.

❤

Energie Cottbus

Das Pokal-Aus 1999 und zwei empfindliche Niederlagen in den ersten beiden Bundesligaspielen im Stadion der Freundschaft trüben den Blick für die wahren Kräfteverhältnisse: Alle Heimspiele haben die Knappen gegen die kampfstarken Lausitzer gewonnen.

❤

Rot-Weiss Essen

Zu Oberliga-Zeiten war die Hafenstraße stets eine hohe Hürde, weil Helmut Rahn regelmäßig zu großer Form auflief. Doch seit Einführung der Bundesliga gab es bei 12 Schalker Siegen für RWE nur je einen Erfolg in Bundesliga, Zweiter Liga und im DFB-Pokal.

❤

Tennis Borussia Berlin/Tasmania Berlin/Darmstadt 98

Diese drei Klubs dürfen ruhig ins Oberhaus zurückkehren, denn gegen sie hat Schalke 04 alle acht Bundesligaspiele gewonnen.

SIEGE AM GRÜNEN TISCH

1963

50.000 Mark sehen die Statuten des DFB als maximale Ablösesumme vor der ersten Bundesliga-Saison vor. Schalke 04 umgeht die Regelung, indem man dem Karlsruher SC für Nationalspieler Günter Herrmann und den unbekannten Hans-Günter Lambert insgesamt 100.000 Mark zahlt, also 50.000 Mark für jeden Spieler. Daraufhin verhängt der DFB einen Punktabzug von zehn Punkten für beide Vereine, doch später räumt der DFB zähneknirschend ein, ein Schlupfloch in seinen Regularien gelassen zu haben.

1965

Wieder geht es um Schalke und Karlsruhe, diesmal sind beide Klubs nach Ende der Spielzeit 1964/65 sportlich abgestiegen. Doch nachdem Hertha BSC wegen Schwarzgeld-Zahlungen zum Zwangsabstieg verurteilt wird, darf der KSC als Vorletzter in der Bundesliga bleiben. Mit einer flammenden Rede auf dem DFB-Bundestag in Barsinghausen am 21. Juli 1965 gewinnt Fritz Klein, Vorsitzender des Westdeutschen Fußballverbands, die Abgeordneten für eine »Gleichbehandlung der Absteiger«. Schalke 04, das längst für die Regionalliga geplant hat, darf in der Liga bleiben, die deshalb auf 18 Vereine aufgestockt wird. Kein Wunder, dass der FC Schalke 04 Fritz Klein wenig später zum Ehrenmitglied ernennt.

1994

Wegen Verstößen im Lizenzierungsverfahren soll Schalke mit einem Abzug von zwei Punkten in die Saison 1994/95 gehen. Die Knappen erreichen eine Umwandlung in eine Geldstrafe über 500.000 Mark.

U21-NATIONALSPIELER

Seit 1979 formiert der Deutsche Fußball-Bund die U21 als höchste Junioren-Nationalmannschaft, in der seitdem 18 Knappen zum Einsatz kamen.

Jürgen Luginger	13 | 0*
Manuel Neuer	13 | 0
Benedikt Höwedes	10 | 1
Jens Lehmann	6 | 0
Sebastian Boenisch	5 | 0
Christofer Heimeroth	4 | 0
Michael Klinkert	4 | 0
Thomas Kruse	4 | 0
Wolfram Wuttke	4 | 0
Mesut Özil	4 | 3
Winfried Geier	3 | 0
Markus Schwiderowski	3 | 0
Olaf Thon	3 | 2
Mike Hanke	2 | 2
Michael Opitz	2 | 0
Dietmar Roth	2 | 0
Ralf Fährmann	1 | 0
Gerhard Kleppinger	1 | 0

*Spiele | Tore

DER TRITT, DER EINE PILGERFAHRT AUSLÖSTE

Wie tief Schalke 04 Ende der Achtziger-Jahre gesunken ist, zeigt das Zweitliga-Heimspiel gegen Darmstadt 98 am 26. März 1989. Nach einer Reihe von umstrittenen Abseitsentscheidungen sowie einem nicht gegebenen Elfmeter stürmen Zuschauer den Platz, und ein 19-jähriger Fan tritt Schiedsrichter Michael Prengel in den Allerwertesten. Der Deutsche Fußball-Bund verhängt daraufhin eine Platzsperre von einem Spiel, gegen Fortuna Köln müssen die Knappen am 23. Mai 1989 in Hannover antreten. Im Kampf um den Klassenerhalt begleiten 10.000 Fans die Mannschaft, die trotz eines 1:3-Rückstands noch ein 3:3-Unentschieden schafft.

OLYMPIA-AUSWAHL

Nach olympischem Lorbeer strebten sechs Schalker in der Olympia-Mannschaft des DFB, ohne allerdings eine Medaille gewinnen zu können.

Jens Lehmann	5 | 0*
Dieter Schatzschneider	4 | 2
Steffen Freund	2 | 0
Adolf Urban	2 | 3
Walter Junghans	2 | 0
Ulrich Bittcher	1 | 0

*Spiele/Tore

SCHALKES GELSENKIRCHENER EHRENBÜRGER

ERNST KUZORRA | 27. September 1985
GERHARD REHBERG | 16. September 2004

DAS PHANTOM

Im Februar 2001 tauchte das Gerücht auf, dass Edgar Davids zu Schalke wechseln würde. Der Weltklasse-Mittelfeldspieler von Juventus Turin war angeblich auf der Geschäftsstelle des FC Schalke 04 gesichtet worden. Der Klub dementierte, doch über Jahre war das Gerücht nicht totzukriegen. Immer wieder wurde Davids in schöner Regelmäßigkeit in Bankinstituten in Gelsenkirchen und seinen Nachbarstädten gesichtet, wo er angeblich Konten für künftige Schalker Gehaltsüberweisungen eröffnet hatte. Informanten meldeten den Internetforen dann: »Habe ich von meinem Kollegen, der dort arbeitet, aus absolut sicherer Quelle erfahren. Darf der mir eigentlich gar nicht sagen, aber ...« Alle Dementis der Vereinsverantwortlichen wurden nach der Logik des Monty-Python-Films »Das Leben des Brian« (»Nur der wahre Messias wird seine Bestimmung leugnen«) bewertet: »Wenn sie so vehement widersprechen, muss ja etwas dran sein.« Auf das Debüt des niederländischen Nationalspielers im Schalke-Trikot wartet man jedoch bis heute vergeblich.

DAS FERNSEHGERICHT TAGT

Wenn der Schiedsrichter und seine Assistenten während des Spiels einen schweren Regelverstoß übersehen haben, kann der Täter nachträglich aufgrund von Fernsehbildern bestraft werden. Dreimal waren Spiele mit Schalker Beteiligung davon betroffen.

18. August 1979
Beim Heimspiel gegen Bayern München trat Schalkes Manfred Drexler den am Boden liegenden Wolfgang Kraus in die Nierengegend. Das DFB-Sportgericht sperrte ihn für drei Monate und sprach eine Geldstrafe von 5.000 Mark aus.

11. April 1981
Beim Heimspiel gegen den Hamburger SV rammte Horst Hrubesch seinem Schalker Gegenspieler Thomas Siewert den Ellbogen in den Magen. Dafür wurde der Europameister von 1980 für acht Wochen gesperrt.

7. Dezember 1997
Beim Auswärtsspiel bei Bayer Leverkusen schlug Ulf Kirsten seinem Kontrahenten Thomas Linke in der 88. Minute den Ellbogen ins Gesicht und verursachte eine schwere Kieferprellung. Das DFB-Sportgericht sperrte den Leverkusener für neun Wochen und verhängte eine Geldstrafe von 10.000 Mark.

GROSSE WORTE 10

»Wenn wir früher gegen Dortmund gespielt haben, haben wir uns dafür nicht mal umgezogen!«

Helmut Kremers gewinnt mit diesem Satz 1994
die letzte direkte Wahl eines Präsidenten
auf einer Schalker Jahreshauptversammlung

POKAL-BLAMAGEN

Die peinlichste Pleite im DFB-Pokal erlebte der FC Schalke 04 wohl am 23. September 1997. Als amtierender UEFA-Cup-Sieger schied man beim Regionalligisten Eintracht Trier mit 0:1 aus, und ausgerechnet dem Schalke-Fan Rudi Thömmes gelang das Tor des Tages.
Kleiner Trost: In der nächsten Runde bezwang Trier den Champions-League-Sieger Borussia Dortmund mit 2:1 – und erneut gelingt Thömmes das 1:0. In der Hauptrunde des DFB-Pokals sind die Knappen gegen folgende unterklassigen Gegner ausgeschieden:

1. Dezember 1973
SCHALKE 04 – WATTENSCHEID 09 *Regionalliga West/2. Liga* 1:2

8. Februar 1975
FORTUNA KÖLN *2. Liga Nord* – SCHALKE 04 2:0

22. Dezember 1984
HANNOVER 96 *2.Liga* – SCHALKE 04 1:0

30. August 1986
1. FSV MAINZ 05 *Oberliga Südwest/3. Liga* – SCHALKE 04 1:0

17. August 1991
ROT-WEISS ERFURT *2. Liga Süd* – SCHALKE 04 2:1

12. September 1992
ROT-WEISS ESSEN *Oberliga Nordrhein/3.Liga* – SCHALKE 04 2:0

23. September 1997
EINTRACHT TRIER *Regionalliga/3. Liga* – SCHALKE 04 1:0

13. Oktober 1999
ENERGIE COTTBUS *2. Liga* – SCHALKE 04 2:2 n.V. – 5:4 i.E.

25. Oktober 2006
1. FC KÖLN *2. Liga* – SCHALKE 04 4:2 n.V.

»Nullvier – keiner kommt an Gott vorbei«

Musiktheater im Revier Gelsenkirchen, 9. Mai 2004

Story: Die königsblaue Nachwuchshoffnung Jojo Schrader soll bei seinem Debüt Schalke vor dem Abstieg bewahren. Bis das entscheidende Tor fällt, muss er sich gegen dunkle Machenschaften seines sportlichen Vorbilds Stephan Krause wehren, den heruntergewirtschafteten Friseursalon seiner Mutter retten und das Herz der jungen Cellistin Louisa Stegemann gewinnen. Das Musical, das sich Schalke vom MiR zum 100. Geburtstag schenkte, spielt in den 80er-Jahren. Große Shownummern, intime Balladen, Fußball-Reminiszenzen und Milieustudien wechseln sich ab. Die Komposition stammt von Enjott Schneider, das Buch von Michael Klaus und die Songtexte von Bernd Matzkowski.

»Ronaldo und Julia«

Mondpalast Herne, 28. Januar 2004

Story: »Lass die Finger von die«, warnt der fanatische Schalker Fritz Montakowski seinen Sohn. Nachbarstochter Julia Kapulinski ist Dortmund-Fan. Schalker und Dortmunder, weiß Fritz, »datt hat die Natur nich vorgesehn«. Doch alle Warnungen sind nutzlos: Die beiden verlieben sich. Der klassische Romeo-und-Julia-Stoff von Shakespeare, von Sigi Domke als Ruhrpottkomödie geschrieben und verlegt ins Volkstheater nach Wanne-Eickel: Die Geschichte erzählt von zwei Wirten und ihren Familien. Eine mittelschwere Katastrophe, denn ihre Kneipen liegen Wand an Wand und sie vertreten zwei unversöhnliche Glaubensrichtungen ...

»RepuBlick auf Schalke«

Consol Theater Gelsenkirchen, 24. Mai 2007

Story: Zwischen der Metzgerei Täuber und der Dönerbude Cim Bom wohnen eine deutsche Familie, ein schwules Paar und eine türkische Familie, dazu ein junges Fußballtalent, Obdachlose und andere. Sie leben neben- statt miteinander und pflegen ihre Vorurteile. Durch persönliche Begegnungen und den Fußball kommen sie sich näher. Zum entscheidenden Meisterschaftsspiel gegen Bielefeld pilgern alle Arm in Arm ins Stadion und erleben gemeinsam das packende Meisterschaftsfinale. Ein Jugendprojekt der Schalker Fan-Initiative, das 34 Laiendarsteller zwischen 14 und 19 gemeinsam mit Regisseur Kemal Demir erarbeitet haben.

DAS TEUERSTE SPIEL

»Die größte Dummheit meines Lebens« nennt Klaus Fischer das gegen eine Bestechungssumme absichtlich verschobene Spiel gegen Arminia Bielefeld am 17. April 1971, es war auch eine sehr teure. Aus Angst vor lebenslanger Sperre schworen acht Schalker Spieler den Meineid, nicht bestochen worden zu sein. Dadurch zogen sich die Verhandlungen gegen die Knappen wegen des Meineids bis zum Januar 1977 hin. Der erhaltenen Bestechungssumme von insgesamt 40.000 Mark stand in diesem Zeitraum das 30-Fache an Kosten gegenüber.

Anwaltskosten für die Verhandlungen vor dem DFB-Bundesgericht	360.000 Mark
Anwaltskosten für die Verhandlungen vor dem DFB-Sportgericht	330.000 Mark
Entgangene Prämien durch Sperren	275.000 Mark
»Schweigegeld« für Waldemar Slomiany	120.000 Mark
Geldstrafen Landgericht Essen	67.830 Mark
Geldstrafen DFB-Sportgericht	25.300 Mark
Sieben Bundesgerichtsverhandlungen	52.000 Mark
Vier DFB-Sportgerichtsverhandlungen	17.000 Mark
INSGESAMT	1.247.130 MARK

KÖNIGSBLAUE KORBJÄGER

1974 schloss sich die Basketball-Abteilung des BG Eurovia Buer dem FC Schalke 04 an, und gleich im ersten Jahr gelang der Aufstieg in die Zweite Liga. 1975 wurde der Nachwuchs Deutscher Meister bei den Schülern. 1982/83 spielte die erste Mannschaft sogar eine Saison in der 1. Bundesliga, stieg aber nach nur drei Siegen sofort wieder ab. Bekannteste Akteure waren die Nationalspieler Christof Körner und Wolfgang Krullmann. Im Moment spielen die S04-Baskets in der 2. Bundesliga Pro A.

AUF KRIEGSFUSS MIT SCHALKE

Hans Kindermann

Der Chef-Ankläger des Deutschen Fußball-Bundes machte es sich über Jahre zur vordringlichsten Aufgabe, einen dauerhaften Lizenzentzug für die in den Bundesliga-Skandal verwickelten Schalker Spieler durchzusetzen.

Dr. Heinz Bardelle

Der in unmittelbarer Nähe zum Parkstadion wohnende Rechtsanwalt setzte in den 70er-Jahren durch, dass Lautsprecher-Durchsagen im Stadion nur in der Flüsterton-Lautstärke von 50 Phon verkündet werden durften.

Michael Schumacher

Der Fußballprofi mit berühmtem Namen - aber nicht mit Schumi zu verwechseln - veränderte den sportlichen Werdegang des FC Schalke 04 entscheidend. Sein Jokertor zum 1:1 für Bayer Uerdingen im Rückspiel der Relegation 1983 bedeutete den zweiten Abstieg aus der Bundesliga.
Sein zweiter Treffer gegen Schalke war nicht ganz so dramatisch. Er traf zum 1:0-Sieg von Mainz 05 und somit zum Aus in der 1. Runde des DFB-Pokals der Saison 1986/87.

BETRIEBSKOSTEN VELTINS-ARENA

1x Stehplätze in Sitzplätze umwandeln und zurück	51.000 €
1x Rasen werktags raus- und wieder reinfahren	14.000 €
1x Erdgas-Tribüne vor- und zurückschieben	4.400 €
1x Dach schließen und wieder öffnen	500 €
1 Stunde Betrieb des Flutlichts	125 €
1 Stunde Betrieb des Videowürfels (ohne Bildregie)	30 €

VERKEHRSUNFÄLLE

11.11.1965	Der ehemalige Jugendtrainer **Fritz Thelen** verunglückt auf seinem Mofa tödlich.
25.1.1971	**Hansi Pirkner** zieht sich eine schwere Gehirnerschütterung zu.
26.2.1973	**Edi Frühwirth**, Meistertrainer von 1958, verunglückt tödlich.
14.7.1982	**Volker Abramczik** landet, weil er nicht angeschnallt war, mit einem Schädelbruch, Rippenbrüchen und einer Lungenverletzung auf der Intensivstation.
10.9.2000	**Emile Mpenza** schläft auf der Fahrt nach Lüttich am Steuer seines Autos ein und kommt mit einer Augapfelprellung glimpflich davon.

KLEMPNER UND KNAPPEN

Als **die Knappen** wurde Schalke bekannt, doch hätte es auch **die Klempner** heißen können.

Die Gründer des Vereins waren nämlich in der Mehrzahl Klempner- oder Schlosser-Lehrlinge in der Schalker Herdfabrik Küppersbusch. Dort waren Willy Gies, Johann Kessel, Viktor Krogull, Heinrich Kullmann und Josef Seimetz beschäftigt, während Adolf Oetzelmann auf der Zeche Consolidation arbeitete. Die Berufe der anderen sind unbekannt. Dass die Schalker die Knappen genannt werden, rührt aus den Aufstiegsjahren nach dem Ersten Weltkrieg, als die enge Beziehung zum Bergbau, vor allem zur Zeche Consol, dem Verein wirtschaftlich half, etwa beim Bau der Glückauf-Kampfbahn. Außerdem waren damals auch Leute aus dem Umfeld sowie Anhänger des Vereins auf Consol beschäftigt. Einige Spieler – z.B. Ernst Kuzorra – fanden dort Arbeit, wenn auch nie für lange Zeit, unter Tage.

DIE ÄLTESTEN

Heutzutage können die Karrieren von Fußballprofis eigentlich länger dauern, weil die sportmedizinische Betreuung sich dramatisch verbessert hat. Auch das macht die Karrieren von Klaus Fichtel, Ernst Kuzorra und Fritz Szepan so besonders.

KLAUS FICHTEL
43 Jahre, 184 Tage.................................21.5.1988 gegen Werder Bremen

ERNST KUZORRA
43 Jahre, 91 Tage ....16.1.1949 bei Rhenania Würselen

FRITZ SZEPAN
41 Jahre, 164 Tage.......................................13.2.1949 gegen Hamborn 07

BERNARD DIETZ
38 Jahre, 231 Tage.............8.11.1986 gegen Borussia Mönchengladbach

JOSEF BRODEN
38 Jahre, 148 Tage.....................................28.8.1965 beim MSV Duisburg

OLIVER RECK
37 Jahre, 253 Tage..17.11.2002 beim VfL Bochum

HEINZ HINZ
37 Jahre, 176 Tage............................29.6.1947 gegen den Hamburger SV

ANDREAS MÜLLER
37 Jahre, 159 Tage...................................20.5.2000 gegen Hansa Rostock

DRAGAN HOLCER
37 Jahre, 130 Tage..29.5.1982 gegen SpVgg Fürth

OTTO TIBULSKY
36 Jahre, 362 Tage ....12.12.1949 gegen Rot-Weiß Oberhausen

HERMANN EPPENHOFF
36 Jahre, 100 Tage............................27.8.1955 gegen Fortuna Düsseldorf

		BL	2L	OL	GL	DM	WD	DP	EC	PS	gesamt
1.	Klaus Fichtel	477						52	20		549
2.	Norbert Nigbur	355	38					41	12		446
3.	Bernhard Klodt			330	13	24		8	7	34	416
4.	Olaf Thon	295	38					29	22		384
5.	Rolf Rüssmann	304						42	19		365
6.	Ernst Kuzorra			18	163	79	42	39		17	358
7.	Ingo Anderbrügge	216	100					21	16	1	354
8.	Fritz Szepan			10	154	87	41	35		19	346
9.	Herbert Lütkebohmert	286						39	19		344
10.	Klaus Fischer	295						39	9		343
11.	Andreas Müller	200	86					19	18		323
12.	Otto Tibulsky			34	143	77	5	34		23	316
13.	Jens Lehmann	200	74					19	19		312
14.	Jiri Nemec	256						24	25	2	307
15.	Michael Büskens	257						21	23	1	302

BL = Bundesliga
2L = 2. Liga
OL = Oberliga
GL = Gauliga
DM = Endrunde zur Deutschen Meisterschaft

WD = Westdeutsche Meisterschaft/Ruhrbezirksmeisterschaft
DP = Deutscher Pokal
EC = Europacup
PS = diverse Pflichtspiele (Landesliga, Britische Zonenmeisterschaft, UI-Cup, Westdeutscher Pokal, Westfalenpokal, Ligapokal, Relegationsspiele)

DIE WAHL DER FANS

Seit 1978 ist der Schalker Fan-Club Verband (SFCV) die zentrale Anlaufstelle für alle Fans der Knappen. Seit 1984 führt er die Wahl zum Spieler der Saison durch:

1984/85	OLAF THON
1985/86	KLAUS TÄUBER
1986/87	OLAF THON
1987-90	*nicht ermittelt*
1990/91	*Bester Spieler:* JENS LEHMANN
	Beliebtester Spieler: DIETMAR SCHACHT
1991-94	*nicht ermittelt*
1994/95	JIRI NEMEC
1995/96	JENS LEHMANN
1996/97	*nicht ermittelt*
1997/98	OLAF THON
1998/99	MARC WILMOTS
1999/00	EBBE SAND
2000/01	EBBE SAND
2001/02	OLIVER RECK
2002/03	EBBE SAND
2003/04	EBBE SAND
2004/05	LINCOLN
2005/06	RAFINHA
2006/07	MANUEL NEUER
2007/08	MANUEL NEUER

RÜCKENNUMMERNSALAT 10-19-7

Seit seinem Wechsel von Nacional Montevideo zu Schalke 04 im August 2002 trug Gustavo Varela als bislang einziger Schalker bereits drei verschiedene feste Rückennummern. Bei seiner Ankunft erhielt er die prestigeträchtige **10** des gerade zurückgetretenen Olaf Thon. Bei der Neuordnung der Rückennummern 2004 durch Trainer Jupp Heynckes bekam Neuzugang Lincoln die **10** und Varela die **19**. Als Halil Altintop zwei Jahre später zu den Königsblauen kam, bat er um die **19**. Varela willigte ein, wenn man ihm eine »gute Nummer« geben würde. Weil Mimoun Azaouagh an den 1. FSV Mainz 05 ausgeliehen wurde, war die **7** frei, und der Uruguayer übernahm sie.

SPIELWERTUNG NACH RICHTERSPRUCH

Vor 1945 gewann Schalke drei Spiele, weil der Gegner nicht antrat (21.2. 1942 gegen Arminia Marten, 12.9.1943 gegen Alemannia Gelsenkirchen und am 16.1.1944 gegen KSG VfB/Arminia Bielefeld). Bei zwei weiteren Partien ist unklar, warum sie am grünen Tisch entschieden wurden. (30.12.1928: Germania Herne - FC Schalke 04 3:3, 6.10.1940: Schalke 04 - Preußen Münster 4:0). Beide Spiele wurden mit 2:0 Punkten und 0:0 Toren zugunsten von Schalke gewertet. Hier jedoch ist die Lage klar:

27.12.1959
Oberliga West
MSV Duisburg - FC Schalke 04 0:1 (0:0)
Tor: 0:1 Lendzian (75.)
Urteil der Spruchkammer des WFV am 13.1.1960:
2:0 Punkte bei 0:0 Toren für Duisburg

Schalke hatte den Verteidiger Günter Brocker eingesetzt, der nach drei Verwarnungen nicht spielberechtigt war. Zwei davon hatte er jedoch in Spielen der Reservemannschaft erhalten, und eine war nicht aufgefallen, weil der Obmann der »Reserve« vergessen hatte, den Spielbericht zu unterschreiben. »Brocker kann zu den intelligentesten Schalker Spielern gerechnet werden. Er hätte bestimmt pausiert, wenn er um seine drei Verwarnungen gewusst hätte«, entschuldigte das »Sport-Magazin«.

14.12.1971
DFB-Pokal
Hertha BSC Berlin - FC Schalke 04 3:0 (1:0)
Tore: 1:0 Steffenhagen (30.), 2:0 Beer (78.), 3:0 Beer (86.)
Urteil des DFB-Sportgerichts am 21.1.1972 sowie Bestätigung durch das DFB-Bundesgericht am 4.2.1972: 2:0-Sieg für Schalke und 3000 Mark Geldstrafe für Berlin

Die Berliner setzten Zoltan Varga ein, obwohl dieser vom DFB-Bundesgericht im Zuge des Bundesliga-Skandals mit einer Vorsperre belegt worden war. Das Landgericht Berlin erließ jedoch kurz vor Anpfiff der Partie eine Einstweilige Verfügung gegen dieses Urteil, worauf sich Hertha-Präsident Gerhard Bautz entschloss, Varga auflaufen zu lassen. Am Ende setzte sich die Sportgerichtsbarkeit durch.

14.9.1977
UEFA-Cup
AC Florenz – FC Schalke 04 0:0
Urteil der Kontroll- und Disziplinarkommission der UEFA am 19.9.1977: 3:0-Sieg für Schalke

»Wir wollten nicht tricksen. Wir waren einfach zu dumm«, gestand Fiorentina-Präsident Ugolino Ugolini. Es war wirklich dumm, im Erstrunden-Hinspiel des UEFA-Cups Gianfranco Casarsa auflaufen zu lassen, obwohl dieser wegen zweier Gelber Karten gesperrt war. Nur konnte sich keiner daran erinnern, weil sie zwei Jahre zurücklagen. Großzügig verzichtete der FC Schalke 04 auf eine zunächst erwogene Klage wegen »Geschäftsschädigung«, weil möglicherweise weniger Zuschauer zum Rückspiel kommen würden, vielmehr wurden die Eintrittspreise dank eines sogenannten Topzuschlags erhöht: zwei Mark für Sitzplätze, eine Mark für Stehplätze. Schalke gewann das Rückspiel mit 2:1.

27.5.1984
2. Liga
FC Schalke 04 – RW Essen 5:0 (1:0)
Tore: 1:0 Dietz (23.), 2:0 Clute-Simon (46.), 3:0 Dierßen (63.), 4:0 Dietz (87.), 5:0 Berge (90.)
Urteil des DFB-Sportgerichts am 30.5.1984: Spielwiederholung - 3:2 (1:0) für Schalke.

Schalke stand bereits vor dem Spiel als Bundesliga-Aufsteiger fest, RWE kämpfte gegen den Abstieg. 28.000 Zuschauer waren da, und die Atmosphäre war nach vielen Prügeleien aufgeheizt. Ab der 55. Minute stiegen die Fans über die Zäune und standen dicht an der Spielfeldlinie. Beim Stand von 3:0 in der 67. Minute rutschte Essens Torwart Carsten Hallmann hinter dem Tor aus (wie Schiedsrichter Manfred Neuner sagte) bzw. sprang ihm ein Fan ins Knie (wie Hallmann selbst meinte). Nach dem 4:0 stürmten die Fans das Spielfeld, erst nach zwölf Minuten Pause ging es weiter. Die Mannschaften spielten in kunterbunten Ersatztrikots oder in Trainingsanzügen, einer sogar in einem roten Oberhemd. Als das 5:0 fiel, gab es wieder einen Platzsturm, und Neuner pfiff nicht mehr an.

WO GEHT'S ZUR GESCHÄFTSSTELLE?

1910 Westfalia Schalke: Haus Dittmar, Herzogstraße 60, Gelsenkirchen

1928: Haus Thiemeyer, Schalker Markt 10, Gelsenkirchen

1946: Viktoriastraße 64, Gelsenkirchen*

1946: Kampfbahn »Glückauf«, 4650**
Gelsenkirchen

1974: Parkstadion (Marathontor), 4660 Gelsenkirchen-Buer ***

1984: Balkenstraße 3****

1986: Kurt-Schumacher-Straße 284 a, 4660*****
Gelsenkirchen-Buer******

2002: Ernst-Kuzorra-Weg 1*******

*Adresse erschien in einem offiziellen Briefkopf. Ob sie jemals genutzt wurde, ist nicht geklärt
** seit 1964
***ehem. Räume WM-Organisationskomitee in der Tribüne
****heute Willy-Brandt-Allee bzw. Berni-Klodt-Weg; obere Etage des ehem. Tennis- und Squash-Centers
*****seit 1993: 45891 Gelsenkirchen
******Neubau eines Bungalows am Parkstadion
*******nach Straßenumbenennung

POKAL IM ANZUG

Gerhard Mayer-Vorfelder stutzte. Irgendwoher kannte der DFB-Präsident den blonden Mann im Anzug, und der half ihm. »Ich bin zwar in Zivil, aber ich bin der Kapitän«, sagte Tomasz Waldoch und bekam den Siegerpokal. Waldoch stand beim Pokalsieg 2001 nicht im verschwitzten Trikot auf dem Siegerpodest, sondern im offiziellen Club-Anzug. Er hatte gegen Union Berlin nicht mitspielen können, Ebbe Sand hatte die Spielführerbinde getragen, doch nach dem Schlusspfiff war der bei Trainer Huub Stevens und seinen Mannschaftskollegen unheimlich beliebte Waldoch wieder Kapitän. So kam es zu der in der deutschen Pokalgeschichte bislang einmaligen Übergabe der Trophäe an einen Anzugträger.

Weihe der Kampfbahn »Glückauf«

Programmfolge für Sonntag, den 2. September 1928:

Nachmittags 1.30 Uhr, Kleines Feld: Odenkirchen I. Jugend – FC Schalke 04 I. Jugend*
Nachmittags 1.45 Uhr, Hauptfeld: Handballspiel Kölner Club für Rasenspiele I – FC Schalke 04 **
Nachmittags 3 Uhr: Weihefeier
1. Musikstück Consolidationskapelle
2. Aufmarsch sämtlicher Aktiven: Schüler, Jugend, Damen, Leichtathleten, Gäste, Stammmannschaften, Alte Herren, Aufstellung vor den Sitzplätzen
3. Gesangsvortrag Männergesangsverein
4. Begrüßung durch den 1. Vorsitzenden
5. Weiherede des Vertreters der Stadtverwaltung
6. Deutschlandlied
7. Auffliegen von 2000 Brieftauben
8. Abmarsch
9. Musikstück
Nachmittags 4.15 Uhr: Gesellschaftsspiel Tennis Borussia Berlin – FC Gelsenkirchen-Schalke 04***
Nachmittags 5 Uhr, Halbzeit:
1. Musikstück Consolidationskapelle
2. Olympische Staffel (800, 400, 200, 200 m); Teilnehmer SC Schwarz-Weiß Essen, BV Altenessen 06, Spvgg. Castrop 02, BV Buer 07, FC Gelsenkirchen-Schalke 04****
3. Musikstück Consolidationskapelle
Nachmittags 5.15 Uhr: Fortsetzung des Fußballspiels
Anschließend: Preisverleihung durch Herrn Oberbürgermeister von Wedelstaedt
Abends 7 Uhr: Weihefeier, verbunden mit Stiftungsfest im Zelt

* Odenkirchen siegt 2:1 ** Endstand 5:5
*** Schalke gewinnt 3:2: 1:0 Ernst Kuzorra (2.), 2:0 (20.) Ernst Kuzorra, 2:1 (44./Elfmeter), 2:2, 3:2 Emil Rothard (90.) – bei Berlin, 1928 Viertelfinalist im Kampf um die Deutsche Meisterschaft, spielte damals übrigens Sepp Herberger.
**** SW Essen siegt in 3:49,1 min vor Altenessen 3:55,8 min und Schalke 3:58,2 min

Der Spielstil wurde in den 25 Jahren zwischen 1920 und 1945 verfeinert und sorgte letztlich dafür, dass die Schalker zunächst rasant und ihren Gegnern hoch überlegen spielten und schließlich Titel um Titel gewannen. Seine Geburtsstunde schlägt wenige Monate nach Ende des Ersten Weltkriegs mit der Ankunft der Ballmann-Brüder Hans und Fred in Gelsenkirchen. Die beiden waren in ihrer Kindheit mit ihren arbeitssuchenden Eltern nach England ausgewandert und lernten dort einen Fußball kennen, der von Taktik und Systematik her dem in Deutschland um Längen voraus war.

1925 schreibt der Dortmunder Generalanzeiger angesichts des ersten Derbys zwischen Schalke und Borussia Dortmund:
»Kurz und flach wanderte der Ball von Mann zu Mann.«

Die Gelsenkirchener Allgemeine Zeitung schreibt zum selben Spiel:
»Die Borussen werden durch das kurzmaschige Spiel der Schalker ausgepumpt und fallen dem Tempo zum Opfer.«

1928 lobte die Wattenscheider Zeitung die Schalker nach einem Gastspiel bei Wattenscheid 09:
»In der Präzision des Zuspiels dominierten die Schalker.«

Der Kicker schwärmte 1932 nach dem mit 1:2 verlorenen Meisterschaftshalbfinale gegen Eintracht Frankfurt und spürte auf den Rängen eine »geradezu schrankenlose Sympathie für die Schalker Knappen«:
»Wenn es etwas an den Knappen zu bewundern gab, war es ihre geradezu raffinierte, an Artistik grenzende Balltechnik und ihre meisterhafte Körperbeherrschung. Mit glänzender Körpertäuschung und famosem Kopfspiel dirigierten sie den Ball so ausgezeichnet, dass die Frankfurter minutenlang kaum den Ball erwischen konnten.«

Die Fussball-Woche schrieb 1939 nach dem Halbfinalsieg gegen den Dresdner SC:
»Schalke 04 ist groß im Fußball geworden durch die Sorgfalt, die es von jeher dem Weiterleiten des Balles an den Nebenmann zuwendete. Die Schalker haben aus dem Zusammenspiel eine Kunst gemacht, eine Fertigkeit, die von Spielergeneration zu Spielergeneration übertragen wurde, in deren Geist schon der eigene Nachwuchs erzogen wird (...) Die meisten Gegner erliegen diesem auf die Dauer ermüdenden Präzisions-Zusammenspiel, diesem fortwährenden Ballgeschiebe, das keinen Stillstand kennt und dem wichtiger als der Raumgewinn das Freistehen des Mitspielers ist, das sein Ziel nicht direkt ansteuert, es auf viel verschlungenen Wegen gegen einen zum Schluss erschöpften Gegner dennoch in den meisten Fällen erreicht.«

Der sechsfache Meisterverteidiger Hans Bornemann sagte 1954:
»Durch unermüdliches Training mit dem Ball erreichten alle Spieler (...) eine so vollendete Technik. Aus dieser Technik heraus entwickelte sich das Zusammenspiel, die Kombination. (...) Es stand nicht immer einer frei, sondern wir huldigten dem Grundsatz, dass, wenn ein Spieler in Ballbesitz war, sich mindestens drei Mann freilaufen müssten, damit der Ballführende auch Gelegenheit zum Abspiel hätte. Nicht der, der in Ballbesitz war, bestimmte das Spiel, sondern die, die freigelaufen waren, zwangen den Ballführenden zum Abspiel.«

Bornemann sagte darüber, dass sich die hoffnungslos unterlegenen Gegner mit acht Mann vor dem eigenen Tor verbarrikadierten:
»Da durchzukommen war gar nicht einfach. Wir spielten daher im Mittelfeld, ließen den Ball vom linken Verteidiger über den Mittelläufer zum rechten Verteidiger, von dort zum Außenläufer in den Sturm und wieder zurück in die Verteidigung laufen, mit dem Ziel, die massierte gegnerische Deckung aufzulockern und herauszulocken und die Gegenspieler sich ›totlaufen‹ zu lassen, um später leicht zum Erfolg zu kommen. Dieses Hin- und Herspielen wurden von den Sportberichterstattern als ›kreiseln‹ bezeichnet, und der ›Kreisel‹ war geboren. Anfangs eine taktische Maßnahme, später der Stilbegriff Schalkes, dann beinahe Selbstzweck. Denn das Kreiseln ging der Mannschaft in Fleisch und Blut über und wurde allzu oft übertrieben.«

Immer auf Schalke
Ob ich verroste und verkalke,
ich gehe immer noch auf Schalke.
Ob ich erlahme und ergrau,
ich liebe Königsblau!

Rudi Tadday und das Heinzelmännchen Beat- und Bumsorchester
1969

Schalker Falken
Wer kreist so wie ein Falke?
Der FC Schalke, der FC Schalke!
Und stößt er einmal vor,
dann Schuss, hinein und Tor!

Rudi Schmidt
Jahr unbekannt

Zeig mir den Platz in der Kurve
Zeig mir den Platz in der Kurve,
wo alle Schalker zusammenstehn.
Auf diesem Platz in der Kurve
wollen wir die Schalker siegen sehn.

Gerd Recat
1972

Wir sind die Fans von Schalke
Wir sind die Fans von Schalke
und bleiben Schalke treu.
Ob in Hamburg, Nürnberg, München –
Frankfurt/Main, Köln am Rhein,
wir sind überall mit dabei.

Schalke-Fans
Jahr unbekannt

Schalke 04, Liebe in Revier
Schalke 04, Liebe in Revier,
Junge, da fällt dich nix mehr ein.
Schalke 04 ist die Seele vom Revier,
sach mich, wat kann schöner sein?

Ährwin
1989

Königsblauer S04
Königsblauer S04.
Königsblau ist Schalke.
König bist du im Revier.
Königsblauer S04.

Die Florians
1994

Ich war noch niemals in Paris *Die Kellergeister*
1996

Ich war noch niemals in Paris,
ich war noch niemals in Turin,
ging nie durch Barcelona ganz in Blau und Weiß.
Ich war noch niemals in Athen
und dabei wär es doch so schön,
einmal die Schalker bei den Großen spieln zu sehn.

Schalke wird wieder Deutscher Meister *Tac, Tic, Tor*
1997

Schalke wird wieder Deutscher Meister,
Schalke holt wieder den Pokal.
Mach den Schalker Kreisel auf,
wie es früher einmal war –
mit so Jungs wie Ernst Kuzorra und Stan Libuda, ja.

Blau und Weiss *Ibo*
1999

Blau und Weiß, das sind die Farben von ganz oben.
Blau und Weiß, das ist der Himmel im Revier.
Blau und Weiß, das ist die Königin mit Schrammen im Gesicht.
Hey, wir lieben dich seit 1904.

Hundert Jahre, tausend Feuer *Suppi Huhn und die Welle*
2004

Hundert Jahre, tausend Feuer
und wir sind mit dabei.
Großer Geist, du Schalker Seele
in der Arena bist du frei.
Die Ewigkeit ist königsblau
genau wie du und ich.
Hundert Jahre, tausend Feuer,
mein Herz schlägt nur für dich.

Wir sind Schalker *FC Schalke 04 (Lizenzspielermannschaft)*
2005

Wir sind Schalker, Schalker das sind wir.
Wir sind Schalke, ewig S04!
Wir werden alles geben,
was immer auch geschieht.
Wir sind Schalker, Schalker das sind wir.

WOHNORTE DER SPIELER 2006/07

14 Gelsenkirchen:	7 Buer
	2 Beckhausen
	2 Erle
	2 Feldmark
	1 Altstadt
2 Düsseldorf	
2 Marl	
2 Schermbeck	
1 Bottrop	
1 Dorsten	
1 Essen	
1 Gladbeck	
1 Moers	

FAN-CLUBS WELTWEIT

Ostbelgien	Nidrum	Belgien
Blue Devils Belgium	Maasmechelen	Belgien
Königsblau Vlaanderen	Antwerpen	Belgien
Polknappen	Tampere	Finnland
Schalke Südtirol 04	Jenesien	Italien
The Fans FC Schalke 04 Südtirol	Ratschings	Italien
654 km S04	Menznau	Italien
FC Schalke 04 Chung Hak Korea Fan-Club	Seoul	Korea
Schalke-Frenn Norden Letzebuerg	Stegen	Luxemburg
Roud Wäiss Blo	Rodange	Luxemburg
Blau und Weiß Enschede	Enschede	Niederlande
Northern Ireland Schalke Supporters	Dunmurry	Nordirland
Schalke 04 Fan-Club Wien-Ingolstadt	Wien	Österreich
Koenigsblaues Nordtirol	Scharnitz	Österreich
Schalker Juhnkens 05	Steht	Österreich
Ilzer Knappen S04	Ilz	Österreich
Fan-Club FC S04 of Poland	Chorzow	Polen
Svenska S04 Fans	Trangsund	Schweden
Fanclub Schalke Zürisee & Linthgebiet	Siebnen	Schweiz
FC Schalke 04-Fan-Club Thailand	Chiangrai	Thailand
Union Schalke Caracas	Caracas	Venezuela

FREUNDSCHAFTSSPIEL

Montag, 1. Juni 1931, 18.30 Uhr, Glückauf-Kampfbahn
70.000 Zuschauer

Das aufregendste Freundschaftsspiel in der Geschichte des deutschen Fußballs und eine Partie, die den Mythos von Schalke mitbegründete. Überfüllt war das Stadion, und das war ein Bekenntnis der Fans zu jenen Schalkern, die zum ersten Mal nach dem Ende ihrer Sperre wegen verbotenen Profitums wieder aufliefen.

FC SCHALKE 04 – FORTUNA DÜSSELDORF 1:0 (1:0)

SCHALKE

Trainer: August Sobotka

Hermann Mellage

Walter Badorek   Ferdinand Zajons

August Böke   Alfred Jaczek   Valentin (Przybilski)

Hennes Tibulsky   Fritz Szepan   Willi Kellner   Ernst Kuzorra*   Emil Rothardt

Laenen   Köhler   Georg Hochgesang   Köhl   Ernst Albrecht

Theo Breuer   Jakob Bender   Paul Janes*

Paul Bornefeldt   Kurt Trautwein

Willi Pesch

DÜSSELDORF

Trainer: Otto Keßler

* Mannschaftskapitän

TOR: 1:0 H. Tibulsky (45.)
SCHIEDSRICHTER: Hermann Broden (Duisburg)

Die Knappen Knappe war früher eine Bezeichnung für jemanden, der seine Bergmannslehre erfolgreich abgeschlossen hat. Er entspricht somit dem Gesellen im Handwerk. Die Schalker nannte man so wegen ihrer Nähe zum Bergbau und vor allem zur Zeche Consol in der Zeit, als der sportliche Aufschwung einsetzte.

Die Königsblauen Der Name spielt natürlich auf die Trikotfarbe der Schalker an. Königsblau, auch Ultramarin genannt, war eine Farbe, die lange Zeit nur auf natürlichem Weg und somit schwer zu gewinnen war, nämlich aus dem Halbedelstein Lapislazuli. Königsblau ist vor allem in der Religion von Bedeutung: nicht nur als Farbe des Himmels, sondern auch als Zeichen der Königswürde. Der Begriff Königsblau wird in der gesprochenen Sprache kaum verwendet, sondern fast ausschließlich in der Literatur oder in Liedtexten.

Die Blauen Vor allem in Gelsenkirchen selbst verwendete Bezeichnung für die Schalker Mannschaft. »Wir gehen zu den Blauen« oder »Wir gehen auf Schalke«, beide Redewendungen halten sich gleichberechtigt.

Der Streuselkuchen-Klub Mitte der 20er-Jahre aufgekommener Spitzname. Papa Unkels Sohn Josef, Bäckermeister, spendete gerne und reichlich von seiner Spezialität, für die eigens zwei Transportkisten gezimmert worden waren. Diese wurden in Unkels Kalesche geladen, mit der die Familie zu den Schalker Spielen fuhr. Nach dem Schlusspfiff gab es dann für die Mannschaft von dem duftenden Kuchen, der von den anderen Sportvereinen dann für die Namensgebung verwendet worden ist.

TRANSFER-MEILENSTEINE

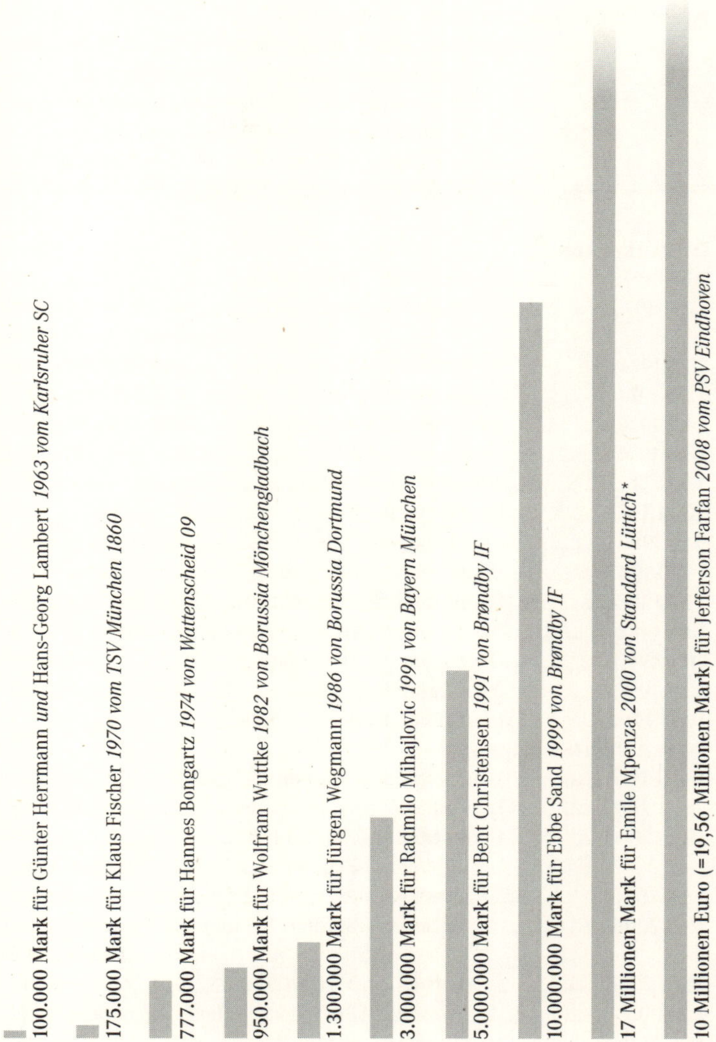

* = verrechnet mit dem Transfer von Michael Goossens zu Standard Lüttich

GROSSE WORTE 11

»Wären wir Könige und hätten ein Reich!«

Das Vereinslied nicht ganz textsicher stimmen Jürgen Möllemann und der gerade gewählte Präsident Bernd Tönnies auf der Jahreshauptversammlung 1994 an.

LÄNDERSPIELE AUF SCHALKE

Im Parkstadion

13.10.1973 ....Deutschland – Frankreich....................................2:1
27.11.1973 ....Schweden – Österreich ....*WM-Qualifikation, Entscheidungsspiel,* 2:1
18.6.1974 ....Jugoslawien – Zaire.....................*WM Endrunde,* 9:0
22.6.1974...........................Brasilien – Zaire.....................*WM Endrunde,* 3:0
26.6.1974....................Niederlande – Argentinien ....*WM Endrunde,* 4:0
30.6.1974....................Argentinien – DDR.......................*WM Endrunde,* 1:1
3.7.1974 ....Niederlande – DDR.......................*WM Endrunde,* 2:0
22.12.1979................Deutschland – Türkei...2:0
5.10.1983 ....Deutschland – Österreich......................................3:0
14.10.1987 ....Deutschland – Schweden 1:1
14.6.1988 ....Deutschland – Dänemark ....*EM Endrunde,* 2:0
18.6.1988 ....Niederlande – Irland ....*EM Endrunde,* 1:0
30.5.1990...................Deutschland – Dänemark.......................................1:0
30.5.1992...................Deutschland – Türkei...1:0
18.11.1998.................Deutschland – Niederlande....................................1:1

In der Veltins-Arena

18.10.2001.................Deutschland – Finnland 0:0
20.11.2002.................Deutschland – Niederlande....................................1:3
15.11.2003.................Deutschland – Frankreich 0:3
9.6.2006..................................Polen – Ecuador ....*WM Endrunde,* 0:2
12.6.2006.....................Tschechien – USA.......................*WM Endrunde,* 3:0
16.6.2006 ....Argentinien – Serbien-Montenegro .... *WM Endrunde,* 6:0
21.6. 2006.........................Portugal – Mexiko..................*WM Endrunde,* 2:1
1.7.2006 ....Portugal – England ....*WM Endrunde,* 3:1 i.E.
16.8.2006 ....Deutschland – Schweden 3:0
31.5.2008 ....Deutschland – Serbien...2:1

Geld für Steffen Freund

1993 hatte Schalke 04 so große finanzielle Sorgen, dass das Interesse des BVB für Steffen Freund gerade recht kam. Der Mittelfeldspieler war zwei Jahre zuvor von Stahl Brandenburg gekommen und wechselte für die stattliche und damals dringend benötigte Summe von 3,3 Millionen Mark nach Dortmund.

Andreas Möller

Auf Schalke bebte im Jahr 2000 die Erde, als der von den Fans wenig geliebte Andreas Möller vom BVB ablösefrei die Farben wechselte, nachdem die Dortmunder seinen Vertrag hatten auslaufen lassen. Möller, erst als »Heulsuse« gebrandmarkt, arbeitete sich als »Kampfsuse« in die Schalker Herzen und führte seinen neuen Verein 2001 und 2002 zu zwei Pokalsiegen.

Heimholung von Stan Libuda

Nach zwei Jahren Dortmund hatte er genug. Obwohl nur 30 Kilometer entfernt, war es für Stan Libuda wie Ausland. So zahlten die Schalker 175.000 Mark Ablösesumme und bauten um ihn als Kapitän eine Mannschaft auf, die 1972 den Pokal holte.

Die Ballmann-Brüder und Valentin

Es kann kein Zufall sein, wenn gleich drei der wichtigsten Schalker Spieler in Dortmund das Licht der Welt erblickten. Die Brüder Fred (= Friedrich/*1894) und Hans (= Johannes/*1896) Ballmann brachten den Schalker Kreisel zum Drehen. Valentin, Meisterspieler von 1934 und 1935, wird wie Jiri Nemec beschrieben: »Man merkte seinem schmächtigen Körper nicht an, wie viel Kraft und Zähigkeit er entwickeln konnte.«

Ruhrpottluft für den Vereinsliedkomponisten

Wie kann ein Mann aus dem Rheinland das Lebensgefühl des Ruhrpotts am besten kennenlernen? Er muss zumindest eine Zeit lang dort wohnen. Dies tat Hans König. Der Komponist der bis heute aktuellen Version des Schalker Vereinslieds stammte aus Köln. Er lebte aber einige Jahre in Dortmund, bevor er von den »1000 Feuern in der Nacht« und den »1000 Freunden, die zusammenstehn« schrieb.

Werder Bremen

Nur gegen Bayern München haben die Königsblauen in der Bundesliga so häufig verloren, insgesamt gab es 37 Niederlagen, allein elf davon zu Hause.

Bayern München

Ausgesprochen negativ mit ebenfalls 37 Niederlagen ist auch die Bundesliga-Bilanz gegen Bayern München. Das größte Erfolgsloch entstand zwischen 1979 und 1996, als es lediglich einen Sieg gab, 1983 ausgerechnet im Olympiastadion mit einem 1:0. Allerdings ist seit 1998 eine deutliche Besserung eingetreten. 8 der insgesamt 16 Schalker Siege gegen den Rekordmeister fielen in diesen Zeitraum.

VfB Stuttgart (auswärts)

Der nächste Schalker Sieg beim VfB Stuttgart lässt sich vermutlich genau vorhersagen. Dreimal konnten die Knappen bisher in der Bundesliga in Schwaben gewinnen, im Abstand von je 14 Jahren: 1971, 1985 und 1999. Der vierte Auswärtssieg in Stuttgart dürfte also erst 2013 fällig sein.

MSV Duisburg

Schon zu Oberliga-Zeiten war die Bilanz gegen die Meidericher mit 5 Siegen, aber 8 Niederlagen negativ, in der Bundesliga hat sich das nicht geändert. Hier liegen die Zebras mit 22:20 Siegen vorn.

Grotenburg-Kampfbahn

Ob Bayer 05 oder KFC Uerdingen, ob Bundesliga, Zweite Liga oder DFB-Pokal, in Krefeld siegte Schalke nur einmal: 1979 mit 4:1. Kein Wunder, dass man 1983 auch in den Relegationsspielen gegen die Uerdinger nach einem 1:3 in der Grotenburg-Kampfbahn und einem 1:1 im Parkstadion den Weg in die Zweite Liga antreten musste.

Westfalia Herne

Gegen das Team vom Schloss Strünkede spielten die Schalker zu gemeinsamen Oberliga-Zeiten nur äußerst ungern. In 18 Spielen zwischen 1953 und 1963 gab es nur vier Siege, aber neun Niederlagen.

LA-OLA-WELTREKORD

Beim letzten Zweitligaspiel des FC Schalke 04 am 16. Juni 1991 gegen *Darmstadt 98 gehen 70.000 Zuschauer auf Weltrekordjagd. 50-mal* haben die Fans des *FC* Bayern München kurz *zuvor »La Ola«* geschafft. Diesen Rekord zu übertreffen ist für das Publikum im Parkstadion kein Problem, in einer halben Stunde absolviert die Welle 61 komplette Runden über die Ränge.

B-NATIONALSPIELER

Einst galt die B-Nationalmannschaft als Sprungbrett in die A-Elf. 18 Schalker kamen in den Partien zwischen 1952 und 2000 zum Einsatz, 9 von ihnen durften später tatsächlich ein »richtiges« Länderspiel bestreiten.

Spieler	Spiele/Tore
Hannes Bongartz*	**8/0
Ulrich Bittcher	7/0
Norbert Nigbur*	5/0
Karl Borutta	3/0
Berni Klodt*	3/2
Helmut Kremers*	3/1
Rüdiger Abramczik*	2/0
Thomas Kruse	2/0
Gerald Asamoah*	1/0
Jörg Böhme*	1/0
Helmut Jagielski	1/0
Willi Koslowski*	1/0
Hans Krämer	1/0
Erwin Kremers*	1/0
Otto Laszig	1/0
Paul Matzkowski	1/0
Dietmar Roth	1/0
Mathias Schober	1/0

* später auch A-Nationalspieler
**Spiele/Tore

DIE SCHNELLSTE SCHALKERIN

Die Sprinterin **Erika Pollmann**, heute **Erika Rost**, gewann vier Deutsche Leichtathletik-Meisterschaften. 1964 siegte sie über 200 Meter, ein Jahr später sowohl über 100 als auch über 200 Meter. Dazu gewann sie 1967 den Titel über 60 Meter in der Halle. Ihre Zeit von 7,4 Sekunden bedeutete damals inoffiziell Europarekord. Bei den Olympischen Spielen in Tokio lief sie mit der deutschen Staffel auf den fünften Platz.

ECHTE KNAPPEN

GERHARD REHBERG	Wurde mit 16 Lehrling auf der Zeche Westerholt, dann Knappe, Hauer, schließlich Steiger; insgesamt 40 Arbeitsjahre (1952–1992) auf der Zeche, zuletzt als freigestellter Betriebsrat
MARTIN MAX	Lehre als Betriebsschlosser auf dem Bergwerk Blumenthal in Recklinghausen
STAN LIBUDA	Lehre als Schlosser auf Consol in Schalke
KLAUS FICHTEL	Knappenprüfung auf der Zeche Viktoria III/IV in Lünen bestanden, dann auf Ickern I/II in Castrop-Rauxel Kohlen gebrochen
WILLI KOSLOWSKI	Erhielt 1955 nach dreijähriger Lehrzeit auf der Zeche Hugo seinen Knappenbrief
ERNST KUZORRA	Lehre auf der Zeche Consol. Als Knappe begann er am Leseband über Tage, kam dann als Bremser und Schlepper unter Tage. Als seine Kumpel merkten, welch großartiger Fußballer er ist, holten sie für ihn die Kohlen raus
HANS BORNEMANN	Angestellter auf der Zeche Graf Bismarck
HEINRICH HILGERT	Erster offizieller Vorsitzender, Wiegemeister auf Consol
FRITZ UNKEL	Materialverwalter auf Consol

EIN VORGÄNGER, DEN ES NOCH GIBT

Westfalia Schalke hieß der FC Schalke 04 bei seiner Gründung 1904, ehe er nach diversen Fusionen ab 1924 seinen noch heute gültigen Namen bekam. Westfalia Schalke ist nicht verschwunden. 1922 spaltete sich der Verein von TuS Schalke 1877 ab, einem anderen Vorgänger von Schalke 04. Wilhelm Borggrewe, Wortführer der Westfalia, passte das Zusammengehen mit dem Turnverein nicht. Er galt als traditionsbewusst und entschied sich beim neuen Klub auch für die Farben Blau und Weiß. Heute trifft der SV Westfalia Schalke 1922 in der Kreisliga C 3, der untersten Liga Gelsenkirchens, auf Gegner wie FC Kickers Ückendorf 68 II. Auch räumlich ist der Verein nicht weit gekommen. Er spielt im Sportzentrum Schürenkamp, in unmittelbarer Nähe des einstigen Schalker Platzes an der Grenzstraße.

IN DER YOURI-MULDER-BAHN

In der Saison 1995/96 startete die Bochum-Gelsenkirchener Straßenbahngesellschaft (Bogestra) gemeinsam mit dem FC Schalke 04 eine Kampagne gegen Vandalismus, indem sie die Straßenbahnen nach Schalker Spielern taufte.

YVES-EIGENRAUCH-BAHN JENS-LEHMANN-BAHN
YOURI-MULDER-BAHN OLAF-THON-BAHN

Die Band »Die Kellergeister« machte eine Coverversion von »Runaway Train« der Band Soul Asylum: »Wir fahrn alle Youri-Mulder-Bahn!«

EIN ACHTER UND SIEBEN SIXPACKS

Einen Schalker Rekord wird Herbert Burdenski wohl für ewige Zeiten halten. Ihm gelangen als einzigem Kicker der Vereinsgeschichte acht Tore in einem Pflichtspiel, am 23.2.1947 beim 20:0-Sieg in der Landesliga Westfalen bei der SpVgg Herten. Die Landesliga war für zwei Spielzeiten nach Ende des Zweiten Weltkrieges und vor Start der Oberliga West die höchste Klasse. Zuvor schafften es drei Spieler in der Gauliga, sechs Tore in einem Meisterschaftsspiel zu erzielen; danach gelang es in der Oberliga West noch einem.

HERMANN EPPENHOFF
31.3.1940 .... FC Schalke 04 – Westfalia Herne 14:0
19.1.1941 .... Arminia Bielefeld – FC Schalke 04 .... 1:8

FRITZ SZEPAN
14.2.1943 .... FC Schalke 04 – VfL Bochum 10:0
24.10.1943 ...... KSG VfB/Arminia Bielefeld – FC Schalke 04 .... 1:9

GEORG GAWLICZEK
24.9.1944 .... SC Hassel – FC Schalke 04 .... 1:16
1.10.1944 .... FC Schalke 04 – SpVgg Erkenschwick ... 12:0

HANS KLEINA
25.2.1951 .... FC Schalke 04 – Preußen Dellbrück 8:1

SCHALKER FANGESÄNGE

»HORVAT, LASS DIE LÖWEN LOS!«
Schlachtruf in der Saison 1971/72 nach der Melodie
von »Over in the Gloryland«

»ATTACKE!«
Der markerschütternde Ruf nach einer Trompeten-Fanfare
von Anhänger Marino Fioretti erklang erstmals
am 19. August 1990 beim Auswärtsspiel
beim VfL Osnabrück.

»WER SCHIESST DIE TORE AM LAUFENDEN BAND?
EBBE, EBBE SAND! WER IST DES GLÜCKES UNTERPFAND?
EBBE, EBBE SAND«
Dieser und zahllose andere sich auf den Nachnamen
des Stürmers reimende Nonsensverse werden seit 2000
auf die Melodie von »Hooray, it's a holi, holiday«
von Boney M. gesungen.

»HEY, MISTER URUGUAY, DARÍO RODRÍGUEZ, HAU DEN GEGNER
VON HINTEN UM! ERST EINS, DANN ZWEI, DANN DREI, DANN VIER:
SCHIENBEINBRUCH, WIR DANKEN DIR!«
Zur Melodie des »Banana Boat Song«,
bekannt durch Harry Belafonte

EINTRITTSPREISE 1963

Am 24. August 1963 bestritt der FC Schalke 04 sein erstes Bundesligaspiel gegen den VfB Stuttgart. In der Glückauf-Kampfbahn gab es folgende Eintrittspreise:

Tribüne	14 DM
Vortribüne	8 DM
Sitzplatz Gegengerade	7 DM
Sitzplatz Kurve	7 DM
Stehplatz	3 DM
Stehplatz Jugend	1,50 DM

DEUTSCHE MEISTERSCHAFT 1939

18. Juni 1939, 17.00 Uhr, Berlin, Olympiastadion
90.000 Zuschauer

Der Kreisel in Perfektion bringt den höchsten jemals erzielten Sieg in einem deutschen Meisterschafts- oder Pokalfinale.

FC SCHALKE 04 – SK ADMIRA WIEN 9:0 (4:0)

SCHALKE
Trainer: Otto Faist

Hans Klodt

Hans Bornemann Otto Schweisfurth

Rudi Gellesch Otto Tibulsky Walter Berg

Hermann Eppenhoff Fritz Szepan Ernst Kalwitzki Ernst Kuzorra* Adolf Urban

Franz Schilling Karl Durspekt Karl Stoiber Willi Hahnemann* Leopold Vogl

Franz Hanreiter Fritz Klacl Hans Urbanek

Otto Marischka Josef Mirschitzka

Emil Buchberger

WIEN
Trainer: Hans Skolaut

* Mannschaftskapitän

TORE: 1:0 Kalwitzki (7.), 2:0 Urban (12.), 3:0 Kalwitzki (25.), 4:0 Kalwitzki (30.), 5:0 Tibulsky (53.), 6:0 Kalwitzki (61.), 7:0 Kalwitzki (80.), 8:0 Kuzorra (84.), 9:0 Szepan (89.)
SCHIEDSRICHTER: Gerhard Schulz (Dresden)
BESONDERE VORKOMMNISSE: Platzverweis Klacl (52.), Verschossener Elfmeter Schilling (59.)

HOSPITALITY-BEREICHE IN DER VELTINS-ARENA

LaOla-Club	Haupt-Hospitality-Bereich für 1600 Personen in der Victoria-Tribüne
Schalker Markt	Hospitality-Bereich für 300 Personen in der Erdgas-Tribüne
Glückauf-Club	Hospitality-Bereich in der Gazprom-Tribüne für bis zu 500 Personen, unterteilt in *Flöz Ernst* und *Flöz Fritz*
Tibulsky	Hospitality-Bereich für 270 Personen neben dem Schalke-Museum in der Gazprom-Tribüne
Blauer Salon	Ehrengast-Bereich für 160 Personen in der Veltins-Nordkurve
Kuzorra	Kneipe in der Veltins-Nordkurve
Libuda	Lounge der Schalke-Spieler in der Veltins-Nordkurve
Klodt	Raum in der oberen Logen-Ebene der Victoria-Tribüne
Kalwitzki	Raum in der oberen Logen-Ebene der Victoria-Tribüne
Event-Logen	Nach den wichtigsten Gelsenkirchener Zechen benannte Tageslogen in der Veltins-Nordkurve für je 20 Personen *Alma* | *Consolidation* | *Dahlbusch* | *Graf Bismarck* | *Hibernia* | *Hugo* | *Nordstern* | *Westerholt*
Unkel	Raum in der oberen Ebene der Veltins-Nordkurve

TELEFONNUMMERN DES VEREINS

1928–1944	25342
1946–1968	21533*
1968–1974	41533 und 26747**
1974–1991	72024 und 72025
1991–2002	70087-0
seit 2002	3618-0

* Vorwahl: 02322 **Vorwahl seit 1970: 0209

BENEFIZSPIEL IN ICKERN

Dass der FC Schalke 04 im November 1980 ein Benefizspiel bei Klaus Fichtels Heimatverein Arminia Ickern austrug, mag vielleicht nicht überraschen. Dass allerdings zugunsten von Schalke gespielt wurde, zeigt, wie schlecht es dem Klub damals ging. Die Schalker nahmen aus Castrop-Rauxel nach einem mühevollen 3:2-Sieg immerhin 7500 Mark mit nach Hause.

TREFFSICHER AN DER TORWAND

Das Glücksgefühl des UEFA-Cup-Siegs nur drei Tage zuvor inspirierte die Eurofighter im Mai 1997 zu einem legendären Auftritt im »Aktuellen Sportstudio« des ZDF. An der Torwand traf Youri Mulder trotz Kreuzbandriss einmal unten, dann versenkte Ingo Anderbrügge alle drei Versuche im oberen Loch, den letzten mit Vollspann. Der Linksfuß ist heute noch sicher: »Hätte ich damals sechsmal schießen dürfen, hätte ich sechsmal getroffen!« Das ist bisher noch keinem ZDF-Gast gelungen.

4 Treffer
Günter Siebert (16.5.1987)
Youri Mulder/Ingo Anderbrügge (24.5.1997)
Olaf Thon (13.9.1997)

3 Treffer
Huub Stevens (31.1.1998 u. 24.2.2001)
Ebbe Sand (11.11.2000)
Mike Hanke (5.3.2005)

MITGLIEDSNUMMER 00800200

Von 1987 an wurde der 2005 verstorbene Papst Johannes Paul II. als Ehrenmitglied des FC Schalke 04 geführt. Anlässlich seiner Messe im Parkstadion am 2. Mai 1987 hatte ihm der Verein dies über Bischof Franz Hengsbach angetragen. Der Papst akzeptierte in einem freundlichen Anschreiben. 2001 erteilte Johannes Paul II. zudem per Post seinen Segen für die in der Arena errichtete ökumenische Kapelle. Sie sei »eine Einladung, nach dem Sieg zu streben, den nicht der Sport, sondern das Leben verleiht«.

Boxer = Klaus Täuber wegen des robusten Körpereinsatzes in jedem Punktspiel. Von Bochums Verteidiger Walter Oswald erzählte man sich, dass er jeden Gegenspieler zu Beginn eines Spiels von hinten umtrat, um sich Respekt zu verschaffen. Nur gegen Täuber traute er sich das nie ...

Buyo = Mike Büskens, weil er im Training während seiner Zeit bei Fortuna Düsseldorf gern ins Tor ging und sich als Buyo, Torhüter seines Lieblingsvereins Real Madrid, feiern ließ.

Bumbas = Hans Schmidt. Den Meistertrainer der Jahre 1934, 1935 und 1937 nannten sie beim Heimatklub 1. FC Nürnberg zu aktiven Zeiten »Bumbes«, der fränkische Ausdruck für »kleiner Furz«.

Catcher = Helmut Sadlowski wegen seines bisweilen brachialen Vorgehens im Zweikampf.

Clemens = Ernst Kuzorra, um für Unterscheidbarkeit auf dem Feld zu sorgen, da auch die Mitspieler Poertgen und Kalwitzki Ernst hießen.

Der Schwatte = Willi Koslowski, Deutscher Meister 1958, wegen seines schwarzen Haarschopfs.

Ernst = Bernd Thiele, weil sich ausgerechnet Ernst Kuzorra bei der Spielweise des »Terriers« an seine Jugend erinnert fühlte.

Flankengott = Rüdiger Abramczik bekam den Namen von der Bild-Zeitung für seine präzisen Hereingaben verliehen, die oft zu Toren von Klaus Fischer führten.

Forelle = Günter Siebert. »Wir waren 1951 unterwegs nach Oberstdorf. Die meisten meiner Mitspieler habe ich damals noch gesiezt. In einem Bach habe ich vier Forellen mit der Hand gefangen. Und schon hatte ich den Namen weg.«

Gorbi = Alexandr Borodjuk, der diesen Spitznamen seinem populären Landsmann Michail Gorbatschow verdankte. Borodjuk selbst konnte den Namen nicht ausstehen.

HOPPA = Ivica Horvat, weil der Trainer beim Angeln jeden erfolgreichen Fischfang mit diesem Ausruf feierte.

MANO = Helmut Kremers wegen der Ähnlichkeit zum TV-Helden »Manolito« aus der Westernserie »High Chaparral«.

MEISTER = Jiri Nemec wegen seiner Ähnlichkeit mit dem Schlagersänger Guildo Horn. Auf die spielte Mitspieler Mike Büskens an, als er nach einem Traumtor im Training vor ihm auf die Knie fiel.

OSKAR = Präsident Günter Siebert wegen seiner siebenköpfigen Familie. Als er zum Präsidenten des Klubs aufstieg, war der Comic »Oskar, der Familienvater« populär.

SPARGEL-TARZAN = Hannes Bongartz wegen seiner schlaksigen Gestalt.

STAN = Reinhard Libuda wegen der Ähnlichkeit seines Spiels mit dem berühmten englischen Rechtsaußen Sir Stanley Matthews.

TANNE = Klaus Fichtel. So taufte ihn Trainer Fritz Langner in der Weihnachtszeit 1966: Fichtel - Fichte - Tanne - Tannenbaum.

WALTER = Klaus Fischer benötigte angesichts der Kollegen Fichtel und Scheer, die ebenfalls Klaus hießen, einen neuen Rufnamen. Also taufte man ihn aufgrund seiner Herkunft aus dem bayerischen Zwiesel »Walter«, denn von dort stammte auch der damalige Weltklasse-Ski-Langläufer Walter Demel.

UNBESCHWERTE TAGE

Fast fünf Jahre lang,
zwischen dem 17.3.1935 und dem 18.2.1940,
verlor Schalke in der Gauliga kein Spiel.
In diesen 1799 Tagen gelangen
73 Siege und
10 Unentschieden.

DANKE

Ohne die tatkräftige Mithilfe, den richtigen Tipp zur richtigen Zeit, viele bewusste oder unbewusste Anregungen und vor allem ohne deren Grundverständnis fürs »Schalker sein« und den damit verbundenen Nebenwirkungen, den Prüfungen und dem Wahnsinn vieler wunderbarer Menschen wäre dieses Buch nicht möglich gewesen. Deshalb danken wir von ganzem Herzen:

Sandra Kurilla dafür, dass sie Gerd auch bei diesem Buch den Rücken frei hielt und seine Leidenschaft und seine Nachtschichten mitträgt.

Rasmus, Tilman und Jonathan Voss für viele Stunden auf dem Bolzplatz, weil man sich dort immer daran erinnert, wie alles anfing: mit dem Fußball, mit Schalke und überhaupt.

Sonja Sitnikov für die Nachsicht an zahllosen durchgearbeiteten Wochenenden und das Daumendrücken für Thomas' Lebenstraum.

Levin, Dana und Tristan Sitnikov für die neugierigen Nachfragen, deren Beantwortung mitunter zur Entstehung einer neuen Liste führte.

Denise Heinz, Simone Rochel, Christine Walther, Klaus Horstmann, Jan Klaffke, Christoph Pieper und Christian Schönhals, unseren Fixsternen im Schalkeorbit, für ihre Inspiration.

Klaus Meyer für die Entdeckung von Otto Schrader und einigen Begradigungen im Vorfeld.

Dem Verlag Kiepenheuer & Witsch und seinen Mitarbeitern für die angenehme konstruktive und verständnisvolle Zusammenarbeit, außerdem für die Gestaltung des Buches: Barbara Thoben, Ute Lübbeke und Stefanie Naumann.

(Stand aller statistischen Daten ist der 1. Januar 2009)

Christoph Biermann. Fast alles über Fußball. KiWi 910

Dieses Buch ist voller Fußballwissen, das unnütz erscheinen mag, aber dessen Schönheit man sich kaum entziehen kann. Hier gibt es WM-Bälle und längste Siegesserien, Entführungen und Nachbarschaftsduelle, Tiere in Wappen und die schönsten Rückennummern. Kantersiege, Hattricks, Nationalspieler aus Gelsenkirchen und ausgefallene Vereinsfarben, man kann das alles sehr weit treiben, dieses Buch treibt es zu ... fast alles über Fußball.

»Erst verschlungen, dann auswendig gelernt und schließlich bei meinen Jungs mit unfassbarem Fußballwissen geglänzt.« *Manuel Andrack*

www.kiwi-verlag.de